税務のプロなら
こうする!

ケーススタディ
改正相続法の活用

税理士 関根美男［編著］

ぎょうせい

はじめに

本書は、月刊「税理」令和元年７月号の特集「民法改正後に求められる新たな相続税対応」を執筆した関根美男、佐治俊夫、太田文子、服部夕紀、中山眞美、富岡俊明、鈴木雅博、坂部達夫が、同様のセクションを担当して書き上げたものです。

昨年の執筆の時点で明らかでなかった税制上の取扱いが、平成31年度税制改正や令和２年度税制改正大綱によって明確になった点を踏まえ、配偶者居住権が施行される４月１日前に再考し、書き上げたものです。

そして、私、関根美男が、編者も担当し、相続実務に関連したコラムも担当いたしました。

執筆したメンバーは、筑波大学大学院ビジネス科学研究科の修士を修了した者たちで、その後も筑波税法研究会を通して切磋琢磨している税理士たちです。

本書が、税理士の先生方や相続でお悩みの方々の参考になれば幸いです。

本書中の意見にわたる部分は、執筆者の個人的見解であり、その内容については執筆者が負うべき責任と考えております。

読者の皆様方のご指導、ご叱責を賜りたく、お願い申し上げます。

最後に、本書の刊行にあたりご尽力いただきました、株式会社ぎょうせいの担当者の皆様に、心より感謝申し上げます。

令和２年３月

編著者　関根　美男

目　次

第６章　持戻し免除の意思表示の推定と税務／ *141*

第７章　遺言制度と税務／ *165*

第１章

改正相続法によって求められる相続税対応へのスタンス

Ⅰ　相続法改正の趣旨

相続法については、昭和55年の配偶者の法定相続分の引上げや寄与分制度の創設以来、約40年間大きな見直しがなかった。しかし、その間に我が国の平均寿命は延び（相続人の高齢化）、少子高齢化（相続人の少数化）は進展し、家族の介護の在り方も多様化した。こうした社会情勢の変化に対応するため、今回多岐にわたる相続法の改正が行われた。120年ぶりの大改正といわれる債権法の改正に次ぐ、民法の大幅な見直しである。

実は、昭和55年の相続法の改正の審議の中で、「嫡出でない子の相続分の同等化」について検討されたが、時期尚早であるとして見送られ、さらに、平成８年には法制審議会の答申に盛り込まれていながら法案を国会に提出できなかった経緯がある[1]。

そうした中、平成25年９月４日に、婚外子の相続分の差別を違憲とする最高裁の判決[2]が出た。「相続制度をどのように定めるかは、立法府の合理的な裁量判断に委ねられているものというべきである。この事件で問われているのは、このようにして定められた相続制度全体のうち、本件規定により嫡出子と嫡出でない子との間で生ずる法定相続分に関する区別が、合理的理由のない差別的取扱いに当たるか否かということであり、立法府に与えられた上記のような裁量権を考慮しても、そのような区別をすることに合理的な根拠が認められない場合には、当該区別は、憲法14条１項に違反するものと解するのが相当である。」

「父母が婚姻関係になかったという、子にとっては自ら選択ないし修正する余地のない事柄を理由としてその子に不利益を及ぼすことは許されず、子を個人として尊重し、その権利を保障すべきであるという考えが確立されてきているものということができる。以上を総合すれば、遅くともＡの相続が開始した平成13年７月当時においては、立法府の裁量権を考慮しても、嫡出子と嫡出でない子の法定相続分を区別する合理的な根拠は失われていたというべきである。」

「本決定の違憲判断が、先例としての事実上の拘束性という形で既に行

1　法制審議会民法（相続関係）部会第１回会議（平27. 4.21）参考資料2。

2　民集 67 巻6号 1320 頁。TAINS Z999-5277。

われた遺産の分割等の効力にも影響し、いわば解決済みの事案にも効果が及ぶとすることは、著しく法的安定性を害することになる。（中略）既に関係者間において裁判、合意等により確定的なものとなったといえる法律関係までをも現時点で覆すことは相当ではないが、関係者間の法律関係がそのような段階に至っていない事案であれば、本決定により違憲無効とされた本件規定の適用を排除した上で法律関係を確定的なものとするのが相当であるといえる。」と、立法府に警鐘を鳴らした。この最高裁の判旨が起因となり、今回の相続法の大幅見直し（遡及するような判決が出る前に、社会情勢の変化に速やかに対応する見直し）に至ったのである[3]。

この最高裁の判決後、某新聞社の対談で、二宮周平立命館大学教授は、「自ら何の責任もない婚外子が被るのは許させないという個人の尊重、子供の権利の問題であって、法律婚主義の是非という話ではない」と述べている。父親は責められても子供に責任はない、その通りである。

これに対して、当時自民党政調会長であった高市早苗議員は、「一夫一婦制や法律婚が危うくなるという懸念があった。（中略）婚姻によってできた家族が法に守られ、外からも同一性を認められるということが、今でも多くの日本人の価値観だと考える」と反論している。

この時の高市議員の発言に、「たとえば夫の死後も妻の住まいを保障することなど……」とのくだりがある。こうした考えが、配偶者居住権の創設（内縁の配偶者を除外）に繋がったと思うが、最高裁の判旨は、社会情勢の変化に速やかに対応する幅広い法改正を求めていると解釈したい。今回の大幅な相続法改正もそうした警鐘に応えたものとなっている。

Ⅱ　改正の骨子

今回の相続法の改正の骨子は、以下の通りである。

第１　配偶者の居住権を保護するための方策

①　配偶者居住権の新設（民1028 ～ 1036）

②　配偶者短期居住権の新設（民1037 ～ 1041）

3　もちろん、判決後、平成25年12月11日に、問題となった民法900条４号ただし書前半部分は削除された。

第２　遺産分割等に関する見直し

①　持戻し免除の意思表示推定規定（民903④）

②　遺産分割前の預貯金の払戻し制度（民909の２）

③　遺産分割前に遺産に属する財産が処分された場合の遺産の範囲（民906の２）

第３　遺言制度に関する見直し

①　自筆証書遺言の方式緩和（民968）

②　遺言執行者の権限の明確化（民1007、1012 ～ 1016）

③　公的機関（法務局）における自筆証書遺言の保管制度の創設（法務局における遺言書の保管等に関する法律）

第４　遺留分制度に関する見直し

①　金銭債権化（民1042 ～ 1049）

第５　相続の効力等に関する見直し

①　権利の承継に対抗要件を要求（民899の２）

第６　相続人以外の者の貢献を考慮するための方策

①　特別寄与制度（民1050）

Ⅲ　改正の施行時期

2018年７月６日に改正相続法（民法及び家事事件手続法の一部を改正する法律）が成立したが、国民に広くこの改正の趣旨や内容を理解してもらう期間を取る必要があり、１年近く後の2019年７月１日をその施行の原則とした。

しかし、長期の準備期間を必要としない自筆証書遺言は2019年１月13日に既に施行されている。また、他の法律への影響の大きい配偶者居住権は、2020年４月１日を施行とした。さらに、自筆証書遺言を法務局で保管することができるようにする改正の施行日は、新たな業務を各法務局で行うための準備や遺言書保管のための情報処理体制の整備等を考慮して、遺言保管法の政令で2020年７月10日とした。

ところで、改正債権法の施行日も2020年４月１日だが、配偶者居住権の施行日と同じ日であるのは、配偶者居住権が一身専属の債権となることや、その評価に債権法の法定利率（民404）を使う（当初３％）ことが影響してのことであろう。

Ⅳ　相続税法改正

平成31年度の税制改正において、民法（相続法）改正に伴い、①配偶者居住権の評価（相法23の２）、②配偶者居住権と小規模宅地等の特例の適用関係（措令40の２⑥）、③特別寄与料の相続税課税（相法４②、13④、29①、31②）、④遺留分制度の見直しに伴う所要の措置（相法32①三、所基通33－１の６、38－７の２）を講じた。

また、成年となる年齢の改正が2022年４月１日から施行されるのに伴い、①相続税の未成年者控除の対象となる相続人の年齢を18歳未満に引き下げ、②相続時精算課税制度、直系尊属から贈与を受けた場合の贈与税の税率の特例、相続時精算課税適用者の特例、非上場株式等に係る贈与税の納税猶予制度（特例制度についても同様とする）において、これらの受贈者の年齢要件を18歳以上に引き下げて、同日以降の相続税あるいは贈与税に適用することとなった。

令和２年度の財務省の税制改正大綱には、①配偶者居住権又は配偶者敷地利用権が消滅等をし、その消滅等の対価として支払を受ける金額に係る譲渡所得の金額の計算上控除する取得費の取扱い、②相続により居住建物等を取得した相続人が、配偶者居住権及び配偶者敷地利用権が消滅する前に当該居住建物等を譲渡した場合における譲渡所得の金額の計算上控除する取得費の取扱い、③収用等に伴い代替資産を取得した場合の課税の特例等について、居住建物等が収用等をされた場合において、配偶者居住権又は配偶者敷地利用権が消滅等をし、一定の補償金を取得するときは、その収用等の課税の特例の適用ができることが記載されている。

それでは、改正相続法の中身と相続税の具体的な対応について概観してみる。もちろん詳細は、個別項目で各担当者が解説する。

Ｖ　配偶者居住権と税務

配偶者の居住権の確保については、以前から相続法改正の審議の中で議論されてきた[4]が、今回やっと創設された制度である。住み慣れた居住環境での生活を継続するために居住権を確保しつつ、その後の生活資金として預貯金等の財産についても一定程度確保できるように、処分権限のない使用収益権限（配偶者短期居住権には、収益権は認められていない。配偶者居住権についても第三者に建物を賃貸して収益を得るためには、居住建物の所有者の承諾を得なければできない）のみの配偶者居住権制度にした。この権利は一身専属権で、配偶者が死亡した場合には当然に消滅して、相続の対象にならない賃借権類似の債権である。

ドイツには、先位相続人たる生存配偶者は相続財産の使用・収益権のみを有し、処分権は持たないため、相続財産は他に処分されることなく後位相続人に相続されるという、先位・後位相続制度がある。被相続人の子孫（血統）から相続財産が離脱するのを防ぎつつ、生存配偶者の生活保障を図ろうとするもの[5]で、今回創設された我が国の配偶者居住権制度に似ている制度である。

なぜなら、後妻の母に居住用の不動産を相続させるのではなく、配偶者居住権を相続させるのであれば、配偶者居住権及び配偶者敷地利用権の設定された不動産を相続した先妻の子供は、後妻の母の死後は、後妻の母の相続人に相続されることなく、一身専属権の配偶者居住権の消滅により、利用制限の外れた自身の不動産になるからである。

受益者連続信託の活用より、配偶者居住権の遺贈の方が、二次相続を考えると有利である。

一方、フランスでは、法定夫婦財産共有制のため生存配偶者は２分の１を取得でき、これは元々相続財産に含まれず、残りの部分が相続の対象になる。そして、不動産の所有権を利用権（使用権と果実収受権を併せ持つ）と残存権に分けることが民法上認められている。配偶者の相続する利用権の価値は、配偶者の年齢によって所有権の10％から90％の９段階に分け

4　ヨーロッパ諸国における近時の相続法改正には、「配偶者相続権の強化」という傾向が顕著にみられる。

5　『各国の相続法制に関する調査研究業務報告書』（公益社団法人商事法務研究会、2014年10月）。

て評価する[6]。我が国の配偶者居住権の評価が、配偶者の年齢による区分ではなく、配偶者の平均余命年数から残存年数を求め、その数値を基に算定するのと少し異なる評価方法である。

なお、我が国のこの平均余命年数は５年ごとに見直すとのことである。平均余命年数を使用するのは、存続期間が終身の場合で、存続期間の定めのある場合は、配偶者の平均余命を上限とした存続期間になる。

配偶者居住権の評価を法定評価にした理由を、財務省は、「譲渡禁止のため、客観的交換価値をその時価にすることはできず、法定評価にした」と述べている。

現在の評価方法だと、配偶者居住権を取得するメリットが大きいのは、高齢配偶者である。

若い配偶者が配偶者居住権を取得すると、余命期間が長い分高額な評価となり、他の相続財産を取得するのは困難となりかねない。その場合は、配偶者居住権を10年とかの有期の期間に設定し、他の相続財産を取得できる余地を残しておくべきかもしれない。

ところで、財務省は、「まだ制度が開始しておらず、配偶者居住権の評価額について解釈が確立されているとは言えない現状において解釈に委ねると、どのように評価すれば良いのか納税者が判断するのは困難であると考えられ（後略）[7]」と続けて述べている。この財務省の解説から、今後の評価実務において不都合が見られた場合は、更なる改正があり得ると理解すべきだろう。円満な親子間での配偶者居住権の設定を不合理(租税回避)とみるのであろうか。

次に、債権としての配偶者居住権も「土地の上に存する権利」として、小規模宅地特例の対象になる（措令40の２⑥）ことが明確になった。更に、令和２年度の税制改正大綱で、居住建物等が収用等をされた場合において、配偶者居住権又は配偶者敷地利用権が消滅等をし、一定の補償金を取得するときは、収用等の課税の特例が適用できることも明らかになった。

6　中里実「フランスにおける相続税と贈与税」『相続・贈与税制再編の新たな潮流』（㈶日本住宅総合センター、2010年６月）。

7　財務省『令和元年税制改正解説』496頁。

配偶者居住権は、存続期間の満了や配偶者の死亡等で消滅する。これにより、配偶者居住権の付されていた建物や敷地の所有者は、価値が上がり課税問題が発生するのではとの考えがある。確かに、配偶者居住権は、相続法上も相続税法上も財産価値がある（配偶者短期居住権にはない）のだが、その価値は、あくまで一身専属の権利であり譲渡不可で、存続期間の経過とともに自然に減少してゆく一種の使用貸借と考えられ、課税問題が発生しなくても不自然ではない[8]。

もちろん、期間の中途で合意解除、放棄、居住建物所有者の消滅請求等があった場合は、配偶者居住権が消滅したことにより所有者に使用収益する権利が移転したことになるから、無償や低額で移転した場合には、相続税法９条の規定により居住建物の所有者に対して贈与税が課税されることになる。一方、消滅の対価を受領した配偶者には、譲渡所得税が課税されることになる[9]。

最後に、遺言で配偶者居住権を配偶者に与えようとする場合は、「遺贈する（民1028①二）」とすべきで、「相続させる」とすべきではない。なぜなら、遺贈の放棄と異なり、相続放棄は配偶者居住権のみならず全ての相続財産を放棄することになるからである[10]。

また、2020年４月１日前にされた配偶者居住権の遺贈は無効であるから注意が必要である。

Ⅵ　特別寄与料と税務

昭和55年の民法改正で、相続人間の実質的な衡平を図る目的で、寄与分の制度が新設された（民904の２）。この時に、相続人以外の者にも寄与分を認めるべきか検討されたが、当時は見送られ、相続人に限定された[11]。したがって、相続人以外の者が被相続人の療養看護の寄与を請求する場合は、相続人の履行補助者として相続人の寄与分の形で請求するしか

8　課税庁も同様の解釈をしている。財務省『令和元年税制改正解説』504頁。

9　財務省「令和２年度税制改正大綱」11頁。

10　立法担当者は、相続させるとの記載でも遺贈の趣旨であると解すると述べてはいるが。堂薗幹一郎・野口宣大編著『一問一答・新しい相続法』（商事法務、2019年３月）14頁（注１）。

11　法制審議会民法（相続関係）部会第１回会議（平27. 4.21）参考資料２。

なかった[12]。その相続人がなくなった後に相続人以外の者が寄与分を請求するには、不当利得の返還請求や介護契約を推定しての報酬請求といった極めて困難な請求しかなかった。

そこで、今回ようやく、被相続人の療養看護等に尽くした者の貢献に報いるための特別寄与の制度が新設された（民1050）のである。しかし、相続をめぐる紛争の複雑化、長期化を避けるため、被相続人に対して療養看護等の貢献をした者を遺産分割の当事者とすることはせずに、それに代えて、遺産分割の手続外で、相続人に対して金銭請求をすることを認めることとした。つまり、被相続人との間で生じた相続債務と考えず、相続人との間で初めて発生する債務との考えによるもので、ここが寄与と特別寄与の大きく異なる点である。

この相続人以外の者とは、被相続人の相続時の親族に限定（離婚した相続人の配偶者は不可）され、その適用範囲は、被相続人の療養看護をした場合や被相続人の事業を無償で手伝った場合など被相続人に対する無償の労務の提供に限定した[13]。

この「無償の労務」を逆利用して、遺言者が特別寄与料を請求されないように、あえて、療養看護の対価としてわずかな金額を特別寄与者となるだろう者に遺贈するということも今後出てくるかもしれない。

ところで、相続税法は、特別寄与者が支払を受けるべき特別寄与料の額が確定した場合には、当該特別寄与者が、当該特別寄与料の額に相当する金額を被相続人から遺贈により取得したものとみなし（相法４②)、相続人が支払うべき特別寄与料の額を、当該相続人に係る相続税の課税価格から控除する（相法13④）こととした。しかし、相続法でいうところの無償の労務の対価なら、むしろ所得税の対象とすべきではなかったのかと思う[14]。

12　法制審議会民法（相続関係）部会参考資料「寄与分に関する裁判例（相続人以外の者の寄与に関するものを中心に）」。

13　民法904条の２も今回創設された民法1050条も、「特別の寄与」と規定されているが、その特別寄与の認められるケースをより柔軟にというより、904条の２で救済できないケースをカバーしようとの趣旨ではないだろうか。

14　しかし、財務省は、「被相続人から相続又は遺贈により取得した財産ではないものの、①相続人と療養看護等をした親族との間の協議又は家庭裁判所の審判により定まること、②

特別寄与料を請求された場合、相続税における更正の請求の特則（相法32①七）の対象に追加されたが、どれほどの特別寄与料の支払義務を負うのか否かを相続人が心配して、遺産分割を躊躇し未分割が増えるのではないかとの懸念もある[15]。また、遺産分割協議で相続財産を全く相続しなかった相続人に、特別寄与料を請求されるリスクもある。その場合、当然特別寄与料の債務控除はできない。

一方、所得税の対象ではなく、相続税の対象にしたことで、特別寄与者が相続人である夫を亡くした配偶者であった場合など、被相続人の相続内容を円滑に把握できるのか（相続人がきちんと公表するか）も心配である。また、相続税の課税対象になるということは、２割加算（相法18）の対象にもなるということだが、世代飛ばしや特別縁故者ではない場合には酷ではないだろうか。

Ⅶ　遺留分侵害額の請求（金銭債権化）と税務

改正相続法は、遺留分制度に関する見直しで、遺留分に関する権利行使により遺贈又は贈与の一部が当然に無効となり、共有状態が生ずるという旧法の規律を改め（物権的効果まで認めると円滑な事業承継を困難にする）、遺留分に関する権利を行使することにより、金銭債権が発生する（潜在的持分の清算）こととした。このため、遺贈や贈与の一部を無効にするという「減殺」の文言を使わず「遺留分侵害額請求権」と改めた。

なお、金銭請求を受けた受遺者又は受贈者が直ちに金銭を準備することができない場合に対処する方策として、金銭債務の支払に代えて遺贈又は贈与の目的物を給付することができるという制度を検討したが、遺留分権利者に不利な財産を押し付けることになる懸念があるとして採用せず、受遺者又は受贈者の請求により、裁判所が金銭債務の全部又は一部の支払に

相続開始から１年以内に請求しなければならないこと、③遺産額を限度とすること、から被相続人の死亡と密接な関係を有し、経済的には遺産の取得に近い性質を有すため、一連の相続の中で課税関係を処理することが適当であると考えた。」と解説している。財務省『令和元年税制改正解説』505 ～ 506頁。

15　もちろん、権利行使をするか否かを早期に明らかにするよう特別寄与者に求めてはいる（民1050②ただし書）。

つき相当の期限を許与することにとどめた。条文（民1046①）を「金銭の支払を請求することができる」と読むと、金銭以外も可能かと誤解するが、「遺留分侵害額に相当する金銭の支払を請求することができる」と読めば、金銭以外は不可と解釈できる。

遺留分侵害額請求を受けた受遺者が、事業承継後の経営に支障をきたさないように考慮した改正といわれるが、遺留分権利者と受遺者が合意した場合は、金銭以外の対価も認めるべきではなかったのか。遺留分侵害額請求をした者が、金銭の支払を待っている間に、受遺者が無資力になってしまうと何も相続できないことになってしまう（民1047④）。

一方、税法は、「民法第1046条第１項《遺留分侵害額の請求》の規定による遺留分侵害額に相当する金銭の支払請求があった場合において、金銭の支払に代えて、その債務の全部又は一部の履行として資産（当該遺留分侵害額に相当する金銭の支払請求の基因となった遺贈又は贈与により取得したものを含む。）の移転があったときは、その履行をした者は、原則として、その履行があった時においてその履行により消滅した債務の額に相当する価額により当該資産を譲渡したこととなる」と所得税基本通達で明らかにした（所基通33－１の６）。

このような課税のリスクを考えると、実務家としては、遺留分を侵害するような遺言書の場合、遺言書通りに執行する前に（執行後、遺留分侵害額請求を起こされないよう）、遺産分割協議が可能かどうかの検討も必要になるであろう。また、遺留分侵害請求額に相当する代償金を事前に準備させることも大切である。もっとも、事業承継する相続人にのみ有利な相続対策は、倫理上問題となることも考えておこう[16]。

なお、遺留分侵害額請求権は、金銭債権になったことで、請求権行使後の金銭債権は時効の中断行為をしないと、改正債権法（民166①）施行（2020年４月１日）後は５年で消滅時効となるので注意が必要である[17]。

16　牛島信『少数株主』（幻冬舎、2017年）は、租税に関わる実務家にとって一読の価値がある著書である。“放置された少数株主が、反旗を翻す話である。”

17　以前は、物権的請求権であったため、その行使により直ちに目的物返還請求権が成立し、消滅時効にかからないとされていた。

Ⅷ　遺産分割の改正と税務

相続財産中の預貯金債権については、「相続人数人ある場合[18]において、その相続財産中に金銭その他の可分債権あるときは、その債権は法律上当然分割され各共同相続人がその相続分に応じて権利を承継するものと解するを相当とする[19]。」と、遺産分割の対象とされないとされていたが、平成28年12月19日に、「共同相続された普通預金債権、通常貯金債権及び定期貯金債権は、いずれも、相続開始と同時に当然に相続分に応じて分割されることはなく、遺産分割の対象となるものと解するのが相当である。」と、従来の考えを覆す最高裁の判決[20]がでた。これにより、預貯金債権は、可分債権（遺産分割の対象外）から不可分債権（遺産分割の対象）に変わった。

しかし、この判決により、共同相続人全員の同意を得なければ預貯金の払戻しができず、被相続人の債務の弁済や、被相続人から扶養を受けていた共同相続人の当面の生活費や、葬式費用の支払に支障をきたすことになるとの判断のもと、遺産分割前の預貯金の払戻し制度が今回創設された（民909の２、家事法200③）。民法909条の２による預金の払戻しは、遺産の一部分割とみなすが、新家事事件手続法200条３項による預貯金債権の仮分割の仮処分は、あくまで仮払いであるから、遺産の分割とはみなさない。実務では、相続税の申告前に、どの相続人がこの制度を使って、いくら引き出し、被相続人の債務や葬儀費用にどれだけ充てたのかをきちんと確認しなければならないだろう。

次に、遺産分割前に遺産に属する財産が処分された場合であるが、改正相続法は、共同相続人全員の同意によって遺産分割前に処分された財産についても、遺産分割の対象財産とするとした（民906の２①）うえ、共同相続人の１人が遺産分割前に当該処分をした場合には、当該処分をした共同相続人を除いた他の共同相続人の同意さえあれば、これを遺産分割の対象として含めることができる（民906の２②）とした。前段は第三者によ

18　原文ママ。

19　最判昭29．４．８（裁判所ＨＰ検索　昭和27（オ）1119）。

20　最判平28.12.19民集70巻８号2121頁。

る処分が念頭にあり、後段は共同相続人による処分を念頭にした規定であると理解できる。

遺産分割前の預貯金の払戻し制度との関連で考えると、規定に基づいた払戻し（処分）であるなら、その相続人の既に取得した相続分となるが、限度を超えた払戻し（処分）の場合は、不当利得返還請求権相当額を被相続人の遺産とみなして遺産分割をすることになるだろう。

払戻しの計算における預貯金債権の額については、相続開始時の額を前提とする。相続開始後も、預貯金が払い戻されたり、振り込まれたりすることによって預貯金債権の額が増減しても、それらは考慮しないことで、金融機関が払戻しの可否を判断できるようにしている。したがって、相続開始後に、例えば相続人の誰かがＡＴＭを利用して勝手に払戻しを受けてしまった場合には、各相続人が３分の１ずつ払戻しを受けると預貯金の残高がなくなるという事態も生じるが、金融機関においては、残高の範囲の中で払うことになる。払戻しがされると不利益が生じるという場合については、相続人自身において払戻しを禁止する旨の仮処分等をとって止めるしかない[21]。

なお、法定相続分を超えて遺産分割又は遺贈により不動産を取得した場合は、登記を備えなければ、第三者に対抗できない。これに対して、「相続させる旨の遺言による権利の移転は、登記なくして第三者に対抗できる」とされていた[22]。今回、相続債権者等を保護するため、相続させる旨の遺言についても、法定相続分を超える部分については登記をしなければ第三者に対抗できないことにした（民899の２①）。また、相続するものが債権の場合は、遺言の内容又は遺産分割の内容が明らかになる書類を添えて、相続人全員ではなく、利益を受ける相続人が相手方（被相続人の債務者）に通知することによって、対抗要件を備えることになる（民899の２②）。

21　法務省民事局民事法制管理官堂薗幹一郎「改正相続法の概要―相続関連業務に関連する項目を中心として―」信託277号180頁を参考にした。

22　最判平14．6.10、最判昭38．2.22（民集17巻１号235頁）。

Ⅸ　持戻し免除の意思表示の推定と税務

配偶者居住権については上述したが、これとは別に、婚姻期間が20年以上の夫婦の一方が他の一方に対して居住用不動産（居住用建物やその敷地）の遺贈又は贈与（持分も可）をする場合には、その贈与等は、通常相手方配偶者の長年の貢献に報いるとともに、相手方配偶者の老後の生活保障を厚くする趣旨でされたものと考えられるので、持戻しの記述がない場合もその意思表示を推定することにした（民903④）。これにより、黙示の持戻し免除の意思表示があったか否かで争うことなく、配偶者の相続における取得額を増やすことが可能になった。

この改正相続法（民903④）と、相続税法の居住用住宅等の配偶者への贈与（相法21の６）の規定は類似しているが、①２千万円の非課税限度額、②遺贈は含まれず贈与に限定、③居住用不動産の取得資金の贈与も可能の３点において、課税上の取扱いと改正相続法とは異なるので注意が必要である。

なお、持戻し免除の推定規定は、相続開始が2019年７月１日以降でも、贈与がそれ以前になされた場合は、適用がない（推定がない）ので、持戻し免除の意思表示をきちんとその贈与契約に追加で明記しておかなければならない。

Ⅹ　遺言制度と税務

自筆証書遺言の方式が緩和され、自筆証書遺言に添付する財産目録に関しては自書でなくてもよくなった（民968②）。

この条文２項のかっこ書きでいう997条１項とは、他人物遺贈のことで、遺言者の死亡時には相続財産に属さない権利も遺言の対象の相続財産に含むということである。これは例えば、「第三者Ａの所有のＢ不動産をＣに遺贈するので、遺言執行者Ｄは第三者ＡよりＢ不動産を取得して、Ｃにその所有権を移転すること」のように、自書で遺言書本文に記載することで他人物遺贈ができるということである。

数ある不動産を自書せず「別紙財産目録記載の不動産」と記して、添付する財産目録にワープロでの記載や登記事項証明書で代用することができるようになったが、この別紙財産目録を活用して細かく指定したつもりが、遺言書の作成後の財産移動や私道の漏れ等で、むしろ難しい遺産分割が残ってしまう場合もあるので充分注意が必要である。

また、条文に「自筆証書にこれと一体のものとして相続財産の全部又は一部の目録を添付する（後略）」とあるが、毎葉に署名押印した財産目録と自書した本文の記載のある書面とが一体性のあるようにするため、契印をするか、同一の封筒に入れて封緘するか、遺言書全体を編綴する、といったことまで要求していないといわれるが、偽造・変造や不正な差替えを防止するためには、一体性があるようにしておいたほうが安心である。

このように、自筆証書遺言が緩和されたとはいえ、公正証書遺言に取って代わるように普及するためには、2020年７月10日に施行される法務局での自筆証書遺言の保管まで待たなければならないであろう。この制度の施行後は、法務局は預かった遺言書を画像データとして保管するため、その後の改ざん等の心配がなくなる。将来的には、死亡届と同時に、相続人等に遺言書を預かっているとの通知ができるようにするようである[23]。

次に、ここで、繰り返しになるが、遺贈と相続させる遺言の違いを確認しておく。遺贈は、受遺者が相続人であれば、遺贈放棄（民986）しても遺産分割協議に加わることが可能である。一方、相続させる遺言の場合は、特定財産承継遺贈（民1014②）の場合でも、それを拒否するには相続そのものを放棄するしかない。受益相続人が単独で相続による権利の移転登記の申請ができる[24]メリットはあるが、受益相続人が相続放棄をしないような遺言書を作成するように、実務家は助言する必要がある。

また、遺言は、遺産を承継する相続人が特定されていて、遺言者より先に推定相続人が死亡した場合は、その推定相続人の代襲相続人には遺産は承継されない[25]ので、遺言書の作成にあたって、そのようなケースも想定して、遺言作成者に助言すべきである。

23　法務省民事局民事法制管理官堂薗幹一郎「改正相続法の概要―相続関連業務に関連する項目を中心として―」信託277号182頁。

24　最判平３．４.19 TAINS Z999-5115。

25　最判平23．２.22民集65巻２号699頁。TAINS Z999-5204。一方、推定相続人の生前の遺留分放棄は、代襲相続人に引き継がれる。

実務家としては、遺言書作成にあたってこのような事前のアドバイスも必要であるし、遺言書があっても、相続人全員の合意があれば遺言書の内容と異なる遺産分割協議も可能であることを理解しておくべきである。

Ⅺ　遺留分の見直しと事業承継

遺留分制度とは、被相続人の遺言の自由に対して法定相続人の遺留分を保護する制度である[26]。この遺留分には、被相続人が生前にした贈与も含まれるので、正確には、被相続人の遺言の自由と生前の贈与の自由に制約を加える制度といえる。では、この生前贈与に持戻し免除の意思表示がある場合はどうなるのであろうか。結論は、持戻し免除の意思表示があっても、遺留分算定の基礎財産に含まれることになる[27]。なぜなら、そうでなければ持戻し免除によって遺留分の基礎財産をいくらでも減らせて、遺留分制度が骨抜きになってしまうからである。具体的には、持戻し免除の意思表示に対して遺留分侵害額請求がなされた場合は、遺留分を侵害する限度で失効し、当該特別受益に係る財産の価額は、この限度で、遺留分権利者である相続人の相続分に加算され、当該特別受益を受けた相続分から控除することになる[28]。なお、この生前贈与の価額は、相続時の時価になる（民1044②、904）[29]。

中小企業の事業承継については、遺留分に関する民法の特例としての経営承継円滑化法があり、固定合意（遺留分算定基礎財産に算入する価額を合意時の時価に固定する）や除外合意（遺留分算定基礎財産から除外する）の手続によって、後継者である相続人の贈与等により取得する非上場の自社株の遺留分対策が定められている。

しかし、上述したように、除外合意があれば完全に遺留分問題が排除さ

26　被相続人との関係が薄い（第３順位）とされる兄弟姉妹には遺留分はない（民1028）。

27　最判平24. 1 .26 TAINS Z999-5249。この判例は、遺留分侵害請求の対象は、遺贈と贈与に限定されず、遺留分割合を超える相続分の指定をした場合も含まれるとしているので要注意である。

28　湊義和・湊信明共編著『事例で学ぶ生前贈与の法務リスク税務リスク』（大蔵財務協会、2018年12月）211 ～ 224頁。

29　受贈者の行為によって売却等した場合は売却等がなかったものとして評価し、受贈者の行為によらずに自然災害等で滅失等した場合は現況で評価する（民904）。

れるわけではなく、また、自社株の贈与契約に特別受益の持戻し免除を記載しておいたとしても遺留分問題は完全には排除できない。つまり、非後継推定相続人との衡平が図れるような付随的合意を併せて考えておかなければならないということである。

今回の遺留分の見直しは、①遺留分の金銭債権化（民1046①）や、相続人の贈与の持戻しを原則[30]10年[31]と明記（民1044③）したことなど、紛争の長期化を避け事業承継を円滑にさせることにむしろウエイトをおいた改正といえるが、それでも、事業承継者のみが得をすることを目指した改正ではない[32]。

我が国の中小企業の経営者の高齢化と後継者難の対策として、平成30年度の税制改正で、期間限定ながら事業承継税制の大幅な緩和を行った。さらに、平成31年度税制改正では個人版事業承継税制も創設された。実務家としては、事業承継を円滑に進めることと、相続が紛争しないこととのバランスを考えて、相続法と相続税法の取扱いを助言しなければならない。

〔関根美男〕

30　遺留分権利者の権利を侵害する認識がある場合は別である。

31　以前は相続人に対する生前贈与は、時期の限定はなかった。最判平10. 3.24裁判所ＨＰ平成９（オ）2117。

32　全体を通して、改正相続法の箇所は、堂薗幹一郎・野口宣大編著『一問一答・新しい相続法』（商事法務、2019年３月）を参照あるいは引用した。

〈コラム1〉

相続に関連した気になる訴訟事件

①広島地判平23. 9.28「相続開始後に土地建物売買契約解除の遡及効」納税者勝訴確定

「ある財産が、相続開始後の解除の遡及効（民545①）によって、民法上の相続財産に帰属しないとされた場合には、相続税法上の「相続により取得した財産」にも帰属しないことになる。（中略）本件解除は、手付契約に基づく解除権の行使による解除であったから、「解除権の行使によって解除された」（通法23②三、同法令6①二）場合に該当するので、本件解除の遡及効（民545①）は、本件における課税関係に影響を及ぼすことになる。すなわち、本件売買契約は、その成立時点に遡って消滅し、相続開始日において、本件売買契約は存在せず、本件売買代金債権も存在しなかったことになることから、本件売買契約に係る相続税の課税財産は、各土地建物であったというべきである。」と判示した。

被相続人が所有する土地建物を売却する契約（売買総額は路線価より高い）をして手付金まで受け取ったが、引渡し前に亡くなり、相続を承継した相続人が手付の倍返しをして契約を解除し、路線価より高い売買契約ではなく路線価での評価をしたものが認められた事件である。

②一方、売買代金のほとんどを受領したケースでは、売買契約の成立を認め、売買残金が相続財産になるとした。「売買代金の残金支払時を所有権移転時期とする本件農地の売買契約の売主である被相続人が、売買代金の一部を受領し、農地法に基づく届出が受理された後に死亡した場合、右相続に係る相続税の課税財産は、本件農地の所有権の実質は売買代金債権を確保するための機能を有するにすぎないものであるから、売買残代金債権とするのが相当である。」と判示している（最判昭61.12. 5）。

③これらの上記事件に対して、被相続人が買主であったケースでは、以下のような結論を下している。

「本件宅地の売買契約締結後で売買代金の支払い及び所有権移転登記申請前に買主が死亡した場合、買主は死亡時には本件宅地の所有権を取得していたとはいえないから、当該買主の相続人は、本件宅地の所有権を相続したとはいえず、右契約に基づく宅地の所有権移転請求権を取得したにすぎない」とされた（最判平2. 7.13）。すなわち、代金の支払を履行していない段階では、不動産を取得したとは認められないと判示している。

④「取得時効と相続時遡及の効果」

「時効により不動産を取得、喪失した場合に、私法上の時効の遡及効にかかわらず、租税法上、時効の援用の時に所得が発生し、あるいは損失が生じるものと解されており、本件のように占有者に時効取得されたことにより権利者が所有権を喪失する場合においても、これらの取扱いと整合的に解釈すべきである。」「時効による所有権取得の効力は、時効期間の経過とともに確定的に生ずるものではなく、時効により利益を受ける者が時効を援用することによって始めて確定的に生ずるものであり、逆に、占有者に時効取得されたことにより所有権を喪失する者は、占有者により時効が援用された時に始めて確定的に所有権を失うものである。そうすると、民法144条により時効の効力は起算日に遡るとされているが、時効により所有権を取得する者は、時効を援用するまではその物に対する権利を取得しておらず、占有者の時効取得により権利を失う者は、占有者が時効を援用するまではその物に対する権利を有していたということができる。」(大阪高判平14. 7.25確定) と、民法144条の考えと相続税法の考えは違うと判示しているので注意が必要である。

⑤「被相続人の所得税更正処分取消訴訟係争中の還付請求権の相続財産性」

この事件は、「上野事件」として有名である。被相続人である母が自身の所得税の更正処分取消訴訟の係争中に亡くなり、この事件を引き継いだ相続人が、母の取消しの主張が認められ還付された金額を相続人の一時所得として申告したところ、母の相続財産に含めるべきだとされた相続税の更正処分を不服として取消しを求めた訴訟事件である。

判決では、「過納金は、有効な行政処分に基づいて納付ないし徴収された税額であるから、基礎になっている行政処分が取り消され、公定力が排除されない限り、納税者は不当利得としてその還付を求めることができないという意味で、租税手続法的に見て、取消判決の確定により還付請求権が生じると言われるだけであって、租税実体法上は納付の時から国又は地方公共団体が過納金を正当な理由なく保有しているのである。したがって、取消判決の確定により行政処分が取り消されれば、過納金及びその還付請求権も納付時に遡って発生していたことになる。当該行政処分の公定力も排除される。(中略)〔納税者〕は、交通事故で被相続人の遺族が加害者に損害賠償請求訴訟を提起している間に申告期限を徒過した場合において、相続開始時における損害賠償請求権の価額を評価することが困難であることから、その判決の損害賠償額を相続税の課税価格に算入することができないとされていることを指摘する。しかし、この事案では交通事故時に損害賠償請求権が発生していることに争いはなく、損害額は判決で確定しても遡及するわけではないから、判決後に増加した損害額を相続税の課税価格に算入できないのは当然であり、判決確定により遡及して請求権が発生した本件とは事案を異にする。」(最判平22.10.15民集64巻7号1764頁、福岡高判平20.11.27) と納税者逆転敗訴の判示をした。

上記④の遡及しない取得時効、あるいは、相続の債務控除の厳格な確定債務要件に比べると、相続時に未確定であったとしても被相続人の帰属が後日確定した還付税金は、相続税の修正の対象にしなければならないことに注意しなければならない。反対に、相続時には未確定であった被相続人の保証債務(相基通14－3)の履行が相続人に後日発生しても、更正の請求をして債務控除をすることは認められていない(裁決平16.11.10)。

〈コラム２〉

都市農地――生産緑地法における特定生産緑地制度

平成４年（1992年）の生産緑地法の一部改正の施行により保全すべき農地として生産緑地の指定を受けた農地（三大都市圏の市街化区域）については、数年後に買取りの申出ができない期間（指定から30年間）が経過することから、2022年頃に生産緑地の指定解除が集中することも予想され、その場合、農地の保全が図られなくなる。また、宅地の供給が急増する可能性も指摘されていた（いわゆる「2022年問題」）。

しかし、都市における防災や景観のためにも生産緑地を守るべきだとの機運が高まり、この2022年問題に対応するため、平成29年に生産緑地法が改正された（平成30年４月１日より施行）。これにより、生産緑地地区に関する都市計画についての告示の日から30年を経過する生産緑地については、事前に特定生産緑地として市町村長の指定を受けることにより、引き続き買取りの規制が課される制度（10年ごと延期）が創設された。

さらに、生産緑地地区内で建築可能な施設に関して、従来、農業用施設（ビニールハウスや農産物集荷施設、農機具収納施設等）に限定されていたものを、農産物加工施設や農産物直売所、農家レストラン等も対象に加えて建築規制を緩和した。

また、一律500㎡以上の面積要件を300㎡までに緩和して、営農意欲のある小規模都市農家の保護を図った。

こうした私法に呼応して、税制面でも、平成30年度税制改正により、相続税の納税猶予制度の適用を受ける農業相続人が、納税猶予制度の適用を受ける特例農地等の全部又は一部について①市町村長の認定を受けた認定事業計画に基づき他の農業者に直接農地を貸し付ける場合、②地方公共団体や農業協同組合が農業委員会の承認を受けて開設する市民農園の用に供するために、これらの開設者に農地を貸し付ける場合、③農地の所有者が農業委員会の承認を受けて市民農園を開設し、利用者に直接農地を貸し付ける場合、④地方公共団体や農業協同組合以外の者（株式会社など）が農業委員会の承認を受けて開設する市民農園の用に供するために、開設者に農地を貸し付ける場合は、それらの貸付けを行った日から２か月以内にその貸付けを行った旨の届出書を納税地の所轄税務署長に提出したときは、その貸付けを行った特例農地等については、農業経営は廃止していないものとみなして、引き続き相続税の納税猶予制度の適用を受けることができる特例を創設した（措法70の６の４、70の６の５）。つまり、相続した農地を自ら耕作することが要件とされていたものを、緩和して使い勝手を良くしたのである。

生産緑地の価額は、その土地が生産緑地でないものとして評価した価額から、買取りまでの期間に応じて、5％～35％の割合を乗じて計算した金額を控除した金額により評価する（評基通40－3）。

また、農業用耕運機、トラクター、農機具等の収納や農作業を行うための建物の敷地は、小規模宅地等の特例の対象となる事業用宅地等に該当する（措法69の4）。

第2章

配偶者（短期）居住権と税務

Ⅰ　はじめに

民法（相続法関連）の改正は、最高裁判所において嫡出でない子の相続分を嫡出子の２分の１と定めていた規定が憲法に違反するとの決定がされたこと（平成25年９月）を直接の契機としている。違憲状態を是正するにあたり、違憲部分の法令規定の削除にとどまらず、相続法制全般の見直しが行われた。改正民法には、配偶者保護の観点から「被相続人の配偶者（内縁関係は含まない）の居住権を法律上保護するための措置」が設けられた。内容的には、①配偶者短期居住権（新民1037－1041）及び②配偶者居住権（新民1028－1036）が新設された。なお、配偶者短期居住権及び配偶者居住権の新設等についての法律の施行期日は2020年（令和２年）４月１日である。

配偶者居住権制度の創設により、相続人となる配偶者が新たな法定の権利（配偶者（短期）居住権）を取得する一方で、配偶者ではない相続人等は、配偶者（短期）居住権という負担が付された不動産を相続等により取得するような相続等が生じる。

上記①の配偶者短期居住権については、相続財産とならないものの、上記②の配偶者居住権については、相続により取得した財産として相続税の課税対象になるとともに、その場合の財産評価については相続税法において評価方法が法定された（相法23の２①）。このほか、配偶者居住権の目的となっている建物（同②）、配偶者居住権の目的となっている建物の敷地の用に供される土地を配偶者居住権に基づき使用する権利（同③）及び配偶者居住権の目的となっている建物の敷地の用に供される土地（同④）の評価についても相続税法上の評価方法が法定されている。

上記配偶者居住権の財産評価の法定に伴い、配偶者居住権に関するその他の取扱い（配偶者が死亡した場合、配偶者より先に所有者が死亡した場合、期間の中途で合意解除、放棄等があった場合、小規模宅地等の課税価格の計算の特例）について、立法担当官の考え方が明らかにされ、令和２年度税制改正では、配偶者居住権等に係る譲渡所得の取扱いが明確化された。

なお、紙幅の制約上、以下本稿では、配偶者居住権の目的となっている建物について「居住建物」として記述する。

Ⅱ　配偶者短期居住権の新設

配偶者の一方（被相続人）が死亡した場合には、他方の配偶者は、それまで居住してきた建物に引き続き居住することを希望するのが通常である。このような配偶者の居住権を保護する必要性は高く、まして、嫡出でない子の相続分に関する民法改正では、非嫡出子の相続分が確保される反面、配偶者の居住権が侵害されることも想定されよう。

また、現行制度においては、配偶者が、相続開始時に被相続人の建物に居住していた場合には、原則として、被相続人と相続人との間で使用貸借契約が成立していたものと推認するとの解釈（最高裁平成８年12月17日判決）により、被相続人の同居配偶者の居住権は一定程度保護されてきたが、このような判決法理だけでは、第三者に居住建物が遺贈されてしまった場合や、被相続人が反対の意思を表示していた場合には、使用貸借が推認されず配偶者の居住権が保護されない事態となる。

改正民法は、被相続人の建物に居住していた場合には被相続人の意思にかかわらず配偶者の居住権を保護すべきものとして、以下の方策を設けている。

（配偶者短期居住権）
第1037条　配偶者は、被相続人の財産に属した建物に相続開始の時に無償で居住していた場合には、一定の期間（※）、居住建物取得者に対し、居住建物について無償で使用する権利（「配偶者短期居住権」）を有する。
（※）一定の期間
①　配偶者が居住建物の遺産分割に関与するときは、居住建物の帰属が確定する日までの期間（ただし、最低６か月間は保障）
②　居住建物が第三者に遺贈された場合や、配偶者が相続放棄をした場合には居住建物の所有者から消滅請求を受けてから６か月

配偶者短期居住権制度が新設されることで、配偶者が被相続人の建物に居住していた場合には、被相続人の意思にかかわらず、一定期間（遺産分割が終了するまでの間など）、配偶者の居住権を保護することができる。

また、常に6か月間は配偶者の居住が保護されるということになる。

配偶者短期居住権の規定には被相続人の財産に属した建物とだけ規定されていることから、被相続人が老人ホーム等に居住していた等の別居の状態であっても、配偶者が居住していた建物であれば、配偶者は配偶者短期居住権を有することになる。

配偶者短期居住権を取得したことによって得た利益については、配偶者が遺産分割において取得すべき財産の額（具体的相続分額）に含めないこととされている。配偶者短期居住権を有する配偶者が、配偶者短期居住権を取得することだけでは相続税の課税財産とは認識せず、その建物・土地を相続等により取得する相続人等も、配偶者に配偶者短期居住権を取得されたことでの相続財産評価上の斟酌（減額）は行われないことになる。

Ⅲ　配偶者居住権の新設

配偶者居住権については、Ⅱの配偶者短期居住権（遺産分割が終了するまでの短期的な居住権の法律上の保護）だけではなく、遺産分割終了後にも被相続人が所有していた建物への居住を継続できるようにするための方策が検討された。また、配偶者が取得する新たな「長期居住権」に対しては、他の相続人への影響等を考慮し、配偶者はその財産的価値に相当する金額を相続したものと扱うこととされている。

改正民法は、配偶者が被相続人の所有していた建物への居住を継続することができるようにするため、以下の方策を設けた。

（配偶者居住権）
第1028条　被相続人の配偶者は、被相続人の財産に属した建物に相続開始の時に居住していた場合において、次の各号のいずれかに該当するときは、その居住していた建物の全部について無償で使用及び収益をする権利（「配偶者居住権」）を取得する。
一　遺産の分割によって配偶者居住権を取得するものとされたとき。
二　配偶者居住権が遺贈の目的とされたとき。

（配偶者居住権の存続期間）
第1030条　配偶者居住権の存続期間は、配偶者の終身の間とする。ただし、

> 遺産の分割の協議若しくは遺言に別段の定めがあるとき、又は家庭裁判所が遺産の分割の審判において別段の定めをしたときは、その定めるところによる。
> （配偶者居住権の登記等）
> 第1031条　居住建物の所有者は、配偶者に対し、配偶者居住権の設定の登記を備えさせる義務を負う。

配偶者居住権という法定の権利を新設することで、①遺産分割における選択肢の一つとして、あるいは、②被相続人の遺言（遺贈）によって、配偶者に配偶者居住権を取得させることができるようになった。①の遺産分割には遺産分割の審判も含まれるので、他の相続人が反対している場合は、家庭裁判所の審判によって取得することもできる（居住建物の所有者の受ける不利益の程度を考慮してもなお配偶者の生活を維持するために特に必要があると認めるときに限る（民1029①二））。

そして、②の場合は、令和２年４月１日以降に作成した遺言書でなければならないので注意が必要である。

また、配偶者居住権の新設により、配偶者は、自宅（被相続人の遺産）での居住を継続しながら、次頁の図表のように、その他の財産も取得できるようになる。

法務省のホームページに示された参考例（遺産の内容が、自宅（建物・土地）が2,000万円、預貯金が3,000万円の合計5,000万円で相続人が妻と子の場合）で検討すると、現行制度では妻が自宅を相続により取得すると、法定相続の場合には預貯金の相続が500万円（5,000万円×1/2－2,000万円）となり、生活費に不安を残してしまう。

遺産である自宅（建物・土地）が配偶者居住権（1,000万円）と負担付き所有権（2,000万円－1,000万円＝1,000万円）に区分できるようになると、法定相続分通りの相続として、配偶者が配偶者居住権（1,000万円）と預貯金（1,500万円）を、子が負担付き所有権（1,000万円）と預貯金（3,000万円－1,500万円＝1,500万円）を相続により取得することができる。配偶者は自宅での居住権を確保しながら、老後の生活費も確保できるようになる。

改正前の制度

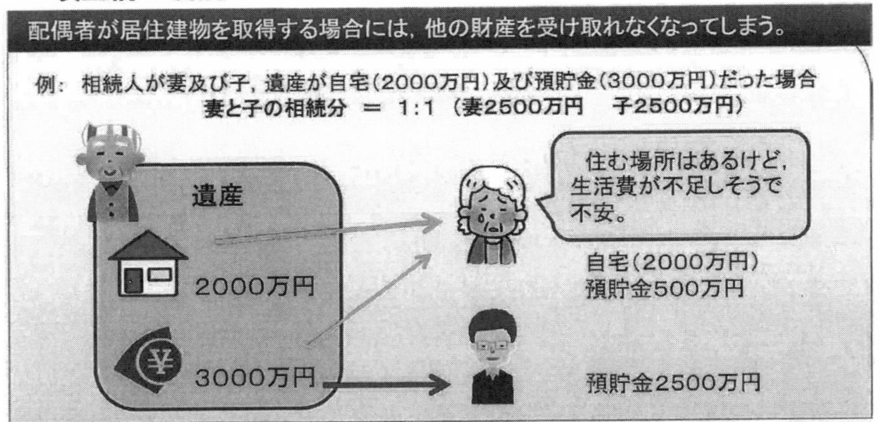

制度導入のメリット

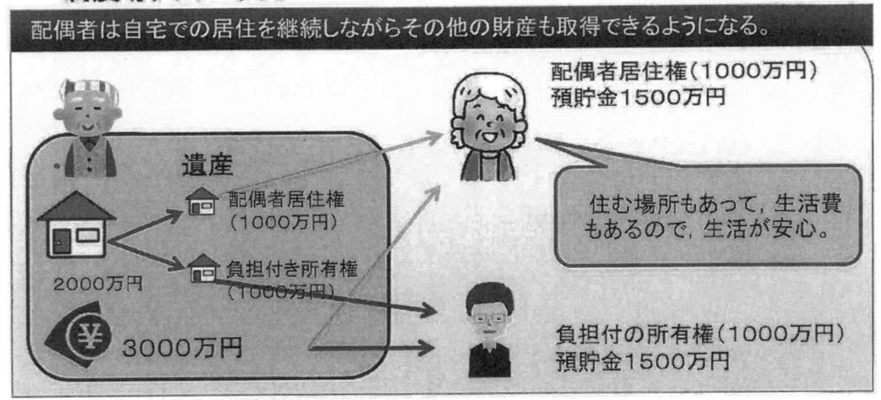

Ⅳ　配偶者居住権の種類

配偶者居住権は、居住建物について一定期間（原則として配偶者の終身の間）無償で使用収益をする権利と意義付けられている。居住建物の所有者に対して建物の使用収益権の制限（負担）が課せられることから、建物の所有権が①配偶者居住権と②配偶者居住権の負担付き所有権に区分されたものとして、それぞれの評価額が計算される。

また、配偶者居住権を取得することで、配偶者は居住建物の使用収益権だけでなく、実態的には配偶者居住権に基づく居住建物の敷地利用権を取得することになり、土地（敷地）の利用権が①居住建物の敷地の用に供される土地を使用する権利と②居住建物の敷地の用に供される土地（負担付き利用権）に区分されたものとして、それぞれの評価額が計算される。

配偶者居住権は居住建物の利用権ではあるが、その実質として、居住建物の敷地の利用権（財産的価値）も併せて相続したものとして扱われる。

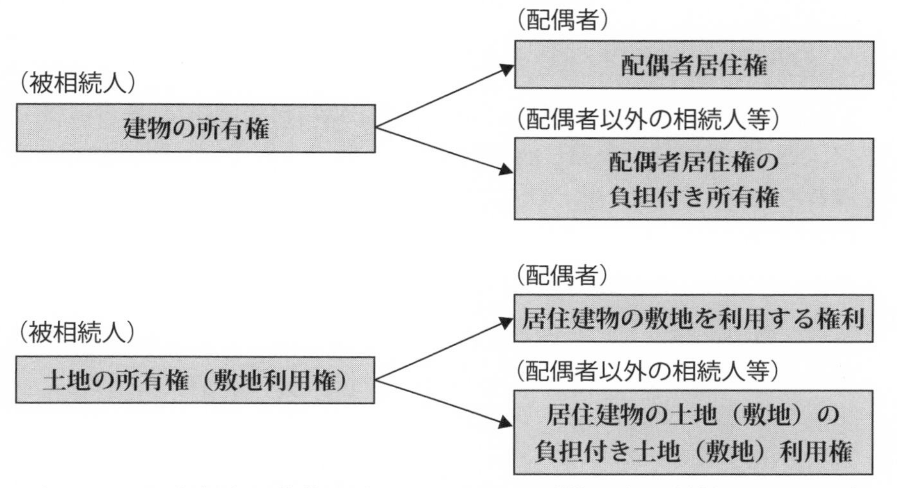

なお、この配偶者居住権は登記をしなければ第三者に対抗できない（民1031）。

そして、配偶者には、用法遵守義務・善管注意義務、無断増改築の禁止、居住建物の維持に通常必要な修繕費や固定資産税等の負担義務を課している（民1032、1033、1034）。

Ⅴ　配偶者居住権等の評価（建物）

改正相続税法は、民法で居住建物の使用収益権と意義付けられた配偶者居住権に対して、建物（利用権）と土地（利用権）に区分して評価方法が法定されている。居住建物の配偶者居住権の価額の評価方法を法定し、居住建物の価額（負担付き所有権）は、居住建物の配偶者居住権が設定されていないものとした場合の時価（相続税評価額）からその居住建物について計算した配偶者居住権の価額を控除した残額とする（相法23の２①②）。

具体的に相続税法に定められた配偶者居住権の価額を算定することで、配偶者居住権の評価方法を確認しておこう。

① 配偶者居住権の価額 　居住建物の相続税評価額－居住建物の相続税評価額×｛(残存耐用年数－存続年数）／残存耐用年数｝×存続年数に応じた民法の法定利率による複利現価率 ② 居住建物の価額 　建物の相続税評価額－配偶者居住権の価額（①）

必要な資料は、建物の相続税評価額（固定資産税評価額）、建物の耐用年数、建物の建築後の経過年数、配偶者居住権の存続年数（相続開始時の配偶者の年齢・性別）、民法の法定利率による複利現価率である。

（計算例）

・建物の固定資産税評価額　5,000,000円
・建物の耐用年数　木造　22年
・建物の建築後の経過年数　20年
・相続開始時の配偶者（女）の年齢　75歳
・民法の法定利率　３％

① 建物の相続開始時における時価は、配偶者居住権が設定されていないものとした場合の時価であり、その家屋の固定資産税評価額に別表１に定める倍率（1.0）を乗じて計算した額による（評基通89）。

② 住宅用の木造建物の耐用年数は、減価償却資産の耐用年数表では22年とされている。残存耐用年数は、財務省令で定めるものに1.5を乗じて計算した年数（６月以上の端数は１年とし、６月に満たない端数は切り捨てる）と規定（相令５の８②）されており、本計算例での残存耐用年数は、22年×1.5＝33年から建築後の経過年数20年を控除した13年として計算する。

③ 配偶者居住権の存続年数は、配偶者居住権の存続期間が配偶者の終身の間とされている場合にはその配偶者の平均余命（年齢及び性別）とされている（相令５の８③）。平均余命は、厚生労働省が男女別、年齢別に作成する完全生命表に掲載されている平均余命をいうものと規定（相規12の３）され、第22回生命表（完全生命表）（完全生命表は、５年ごとに作成されるので、直近である平成27年の完全生命表に基づく平均

余命を使用）では、75歳女性の平均余命は15年（年未満切り捨て）となっている。本計算例では、75歳女性の平均余命を15年として計算する。

④　存続年数に応じた民法の法定利率による複利現価率は、改正相続税法が施行される令和２年４月１日以降の民法（同日施行される改正債権法）の法定利率が年３％となるため、存続年数15年に応じた年３％の複利現価率0.642を用いて計算する。

⑤　計算例では建物の残存耐用年数（13年）よりも配偶者居住権の存続年数（15年）が大きくなり、相続税法23条の２第２号で計算される数が零となるため、配偶者居住権の価額は、居住建物の相続税評価額（500万円）そのものとなる。

⑥　配偶者居住権の目的となっている建物の価額は、居住建物の相続税評価額（500万円）から配偶者居住権の価額（500万円）を控除した残額の零となる。

Ⅵ　居住建物の敷地を利用する権利（土地）

相続税法では、居住建物の敷地を利用する権利（土地に係る配偶者居住権）の価額の評価方法を法定し、居住建物の土地（敷地）の負担付き土地（敷地）の価額は、その土地等の配偶者居住権が設定されていないものとした場合の時価（相続税評価額）からその居住建物の敷地を利用する権利の価額を控除した残額とする（相法23の２③④）。

①　居住建物の敷地を利用する権利の価額
　土地等の相続税評価額－土地等の相続税評価額×存続年数に応じた民法の法定利率による複利現価率
②　居住建物の土地（敷地）の負担付き土地（敷地）の価額
　土地等の相続税評価額－居住建物の敷地を利用する権利の価額（①）

具体的に相続税法に定められた居住建物の敷地を利用する権利の価額を算定することで、居住建物の敷地を利用する権利の価額の評価方法を確認しておこう。

必要な情報は、土地等の相続税評価額、配偶者居住権の存続年数（相続開始時の配偶者の年齢・性別）、民法の法定利率による複利現価率となる。

（計算例）

・土地等の相続税評価額　15,000,000円

・相続開始時の配偶者（女）の年齢　75歳

・民法の法定利率　３％

①　土地等の相続開始時における時価は、配偶者居住権が設定されていないものとした場合の時価であり、財産評価基本通達の定めによって評価した価額による（評基通１（２））。

②　存続年数は、配偶者居住権の存続期間が配偶者の終身の間とされている場合にはその配偶者の平均余命（年齢及び性別）とされている（相令５の８③）。平均余命は、厚生労働省が男女別、年齢別に作成する完全生命表に掲載されている平均余命をいうものと規定され、第22回生命表（完全生命表）では、75歳女性の平均余命は15年（年未満切り捨て）となっている。本計算例では、75歳女性の平均余命を15年として計算する。

③　存続年数に応じた民法の法定利率による複利現価率は、改正相続法が施行される令和２年４月１日以降の民法（同日施行される改正債権法）の法定利率が年３％となるため、存続年数15年に応じた年３％の複利現価率0.642を用いて計算する。

④　居住建物の敷地を利用する権利の価額

土地等の相続税評価額（1,500万円）－土地等の相続税評価額（1,500万円）×存続年数に応じた民法の法定利率による複利現価率（0.642）＝537万円

⑤　居住建物の土地（敷地）の負担付き土地（敷地）の価額

土地等の相続税評価額（1,500万円）－居住建物の敷地を利用する権利の価額（537万円）＝963万円

上記のような計算結果（税制上の評価が予想以上に高くなる）では、法制審議会が、「配偶者に、自宅の居住を確保させながらその他の財産も取得できるようになる。」という創設理由が叶わない結果になりかねない。

一方、配偶者居住権を設定された敷地の所有者にとってみれば、配偶者による無償の使用・収益を受忍している土地なのであるから、評価が低く

なるのは当然と思うかもしれない。そして、配偶者居住権を設定したのが後妻で、その敷地の所有者が先妻の子供であれば、土地そのものを後妻が取得した場合と異なり、配偶者居住権は一身専属で譲渡不可であるので、その後妻の相続人等に将来移ってしまうというリスクがなく、いずれ自身が使用できる土地に回復するのであるから我慢できる評価だともいえる。このようなケースでは、遺贈でなく遺産分割協議であっても同意を得やすいかもしれない。

税制改正の解説では、「譲渡不可のため客観的交換価値との相続税法22条の時価の考えはなじまず、上記のような法定評価にした」と説明している。しかし、「まだ制度が開始しておらず、配偶者居住権の評価額について解釈が確立されているとは言えない」とも述べている（『令和元年度税制改正の解説』496頁）ので、今後の見直しも考えられる。

Ⅶ　配偶者居住権に関するその他の取扱い

1　配偶者が死亡した場合

配偶者が死亡した場合には、民法の規定により配偶者居住権が消滅する。居住建物の所有者に対しては、民法の規定により配偶者居住権が消滅するものであり、相続を原因として移転する財産ではないため、相続税の課税関係は生じない。これについて、居住建物の所有者に対して、使用収益が可能となったことを利益と捉え、みなし課税をするという考え方もありうるが、「その負担は存続期間にわたって逓減するものであり、配偶者の死亡時にまとまって解消されるのではないことを踏まえれば、課税の公平上問題があるとも言えない」ことからみなし課税をする必要がないとの立法担当官の考え方が税制改正の解説（『令和元年税制改正の解説』504頁）において明らかにされている。

したがって、相続税の配偶者控除により、一次相続での配偶者への相続税課税が減免される場合（配偶者居住権に対して実質的な相続税課税が発生しなくなる場合）には、二次相続で配偶者居住権を対象とした相続税課税が行われないことで、一次・二次を通算しての相続税負担が軽減されるという実質的な節税効果が期待できることになる。

2　配偶者より先に所有者が死亡した場合

配偶者より先に居住建物の所有者（居住建物の敷地所有者）が死亡した場合には、配偶者居住権が存続中ということになるので、居住建物（居住建物の敷地）所有者の相続人に対しては、所有者の相続開始時において、上記Ⅴ、Ⅵの計算方法で、所有権部分（建物と敷地）を、配偶者居住権を控除して改めて評価する必要がある。

3　期間の中途で合意解除、放棄等があった場合

配偶者居住権の存続期間の満了前に、何らかの事由（配偶者の放棄、配偶者と所有者の合意解除、配偶者の用法遵守義務等（民1032、1033、1034）違反等）により配偶者居住権が消滅することとなった場合には、配偶者居住権等を有する配偶者から居住建物等の所有者に対して贈与があったものとみなして、贈与税を課税するものとの考えが立法担当官の解説（『令和元年度税制改正の解説』504頁）で明らかにされている。

4　配偶者居住権等に係る譲渡所得等の取扱い

配偶者居住権（配偶者敷地利用権）が合意解除や放棄により消滅等をし、配偶者がその消滅等の対価を取得した場合には、譲渡所得として課税される。

譲渡所得の金額の計算上控除する取得費は、令和２年度の税制改正大綱で明らかになってきたが、居住建物等についてその被相続人に係る居住建物等の取得費に配偶者居住権等割合（配偶者居住権の設定時における配偶者居住権等の価額／設定時における居住建物等の価額）を乗じて計算した金額から、その配偶者居住権の設定から消滅等までの期間に係る減価の額を控除した金額とする。

相続により居住建物等を取得した相続人が、配偶者居住権及び配偶者敷地利用権が消滅する前にその居住用建物等を譲渡した場合における譲渡所得の金額の計算上控除する取得費は、その居住建物等の取得費から配偶者居住権又は配偶者敷地利用権の取得費を控除した金額とする。

　（注）上記の居住建物等のうち、建物の取得費についてはその取得の

日から譲渡の日までの期間に係る減価の額を控除することとし、上記の配偶者居住権又は配偶者敷地利用権の取得費についてはその配偶者居住権の設定の日から譲渡の日までの期間に係る減価の額を控除することとする。

5　小規模宅地等の課税価格の計算の特例の適用について

配偶者居住権は建物についての権利であることから、小規模宅地特例の適用はないが、敷地利用権については小規模宅地の特例の適用がある。小規模宅地等が配偶者居住権の目的となっている建物の敷地の用に供される宅地等又は配偶者居住権に基づく敷地利用権の全部又は一部である場合には、その宅地等の面積は、その面積に、それぞれの敷地の用に供される宅地等の価額又はその敷地利用権の価額がこれらの価額の合計額のうちに占める割合を乗じて得た面積であるものとみなして計算をし、限度面積要件を判定する（措令40の２⑥）。

6　配偶者短期居住権は第三者への対抗要件は付与されていない

相続人又は受贈者から第三者に配偶者が居住する建物が売却され、買主から明渡請求を受けた場合には、配偶者は、買主が登記を具備したかどうかに関わらず配偶者短期居住権を主張することができず、退去しなければならない。ここが、配偶者居住権と異なるところである。退去した配偶者は、元の所有者に損害賠償を請求するしかないので注意が必要である。

7　配偶者居住権の要件

被相続人が配偶者以外の者と共有していた場合には、配偶者は配偶者居住権を取得できない（新民1028①ただし書）。なぜなら、配偶者居住権は、無償でありながら建物全体について対抗力を備えて排他的に使用できる権利であるので、その第三者の持分権を制限することは適切ではないので、第三者との共有の場合は、取得不可としたのである。

しかし、被相続人と配偶者との共有となっている場合には、第三者との共有と違って不利益を受ける者はいないと考えられるので、被相続人単独所有と同様に、配偶者居住権を取得することができる。

そして、配偶者居住権を取得するには、被相続人の配偶者が、当該建物に相続開始時に居住している必要があるが、この「居住」とは、当該建物の一部分のみを居住用に使用している場合も含むので、被相続人が一部を第三者に賃貸していた場合や、配偶者が店舗兼住居として使用している場合も、居住要件を満たすことになる（堂薗幹一郎・野口宣大編著『一問一答・新しい相続法』（商事法務、2019年３月）15 ～ 17頁）。

Ⅷ　ケーススタディ　配偶者居住権

Case1　一部貸家の場合の配偶者居住権等の価額

父は、所有する200㎡の土地に150㎡の建物を建て、母と居住するとともに、建物の一部50㎡を貸家としていました。

父の相続に伴い当該土地建物は私が相続することになりましたが、母は当該建物に係る配偶者居住権（終身）を遺贈により取得しました。

なお、母は70歳で、建物は木造築５年で相続税評価額は3,000万円、土地の相続税評価額は6,000万円です。

この場合、①配偶者居住権の価額、②配偶者居住権の敷地利用権の価額、③建物の価額、④当該建物の敷地（所有権）の価額はどのように算定するのでしょうか。

※住宅用木造建物の耐用年数22年×1.5＝33年
　残存年数20年（70歳女性の平均余命年数）
　複利現価率0.554（法定利率３％、20年間）

Answer 1

配偶者居住権等の価額は下表のとおりです。

①配偶者居住権の価額	16,834,286円
②配偶者居住権の敷地利用権の価額	17,840,000円
③建物の価額	13,165,714円
④当該建物の敷地（所有権）の価額	42,160,000円

①　配偶者居住権の価額

居住建物の時価　3,000万円×100／150＝2,000万円

※建物のうち、自用部分の価額を算出

2,000万円×｛(33年－５年）－20年｝／（33年－５年)｝×0.554

＝2,000万円×８／28×0.554＝3,165,714円

2,000万円－3,165,714＝16,834,286円

②　配偶者居住権の敷地利用権の価額

6,000万円×100/150－6,000万円×100/150×0.554＝17,840,000円

③　建物の価額

30,000,000－16,834,286＝13,165,714円

④　当該建物の敷地（所有権）の価額

60,000,000－17,840,000＝42,160,000円

Answer 2

配偶者居住権等の価額は下表のとおりです。

①配偶者居住権の価額	16,384,286円
②配偶者居住権の敷地利用権の価額	17,840,000円
③建物の価額	10,165,714円
④当該建物の敷地（所有権）の価額	38,560,000円

①　配偶者居住権の価額

居住建物の時価　3,000万円×100／150＝2,000万円

貸家の時価　　　3,000－2,000＝1,000万円

※建物のうち、自用部分の価額を算出

2,000万円×｛(33年－５年）－20年｝／（33年－５年)｝×0.554

＝2,000万円×８／28×0.554＝3,165,714

2,000万円－3,165,714＝16,834,286円

②　配偶者居住権の敷地利用権の価額

6,000万円×100/150－6,000万円×100/150×0.554＝17,840,000円

③　建物の価額

居住部分　20,000,000－16,834,286＝3,165,714円

貸家部分　10,000,000×0.7＝7,000,000円

合　　計　3,165,714＋7,000,000＝10,165,714円

④　当該建物の敷地（所有権）の価額

居住部分　60,000,000×100÷150－17,840,000＝22,160,000円

貸家建付地　※借地権割合0.6とする

60,000,000×50÷150×（１－0.6×0.3）＝16,400,000円

合　　計　22,160,000＋16,400,000＝38,560,000円

✍Study

1　税法の全体解説

配偶者居住権の財産評価は、相続税法22条の時価によるのではなく、地上権等と同様に法定評価とした。『令和元年度税制改正の解説』では、その理由として、そもそも譲渡不可のため客観的交換価値が存在しないなかで課税の公平を確保するため、あるいは、配偶者の余命年数を大幅に超える存続期間を設定して配偶者居住権を過大に評価し、相続税の配偶者に対する税額軽減の適用を受ける等の租税回避的な行為を防止するためとしている。

また、耐用年数省令に定める耐用年数を1.5倍しているのは、耐用年数省令における耐用年数は事業用資産を前提として定められているが、居住建物は通常は非事業用資産であるから、所得税の譲渡所得における非事業用資産の取得費の計算に関する規定（所令85）を参考にして、居住建物の耐用年数を設定したと説明している。

そして、居住建物の経過年数については、遺贈ではなく、遺産分割の協議又は審判により配隅者居住権が設定される場合には、配偶者居住権の効力が生じるのは相続開始時よりも後の時点であり、その時点を起算点として配偶者居住権の存続年数が定まると考えられるから、居住建物の経過年数は、相続開始時ではなく、配偶者居住権の設定時までの年数で計算すると説明している。

さらに、法定利率は、年３％とするが、この法定利率は、法務省令で定めるところにより、３年を１期とし、１期ごとに変動するものとすると説明している。

２　設例の民法解説

配偶者居住権は、居住建物の一部を第三者に賃貸している場合であっても、配偶者居住権を取得することは可能であるが、当該権利を建物賃借人に対抗できない。

一方、相続により居住建物の一部を賃貸に供されている建物所有権を取得した者は、当然に建物賃貸人の地位を承継するのであるから、家賃の収受権は建物所有者に帰属することになる（堂薗幹一郎・野口宣大編著『一問一答・新しい相続法』（商事法務、2019年）16頁）。

３　Answer １の解説

『令和元年度税制改正の解説』500頁には「居住建物の相続開始時における配偶者居住権が設定されていないものとした場合の時価から、上記イにより計算した配偶者居住権の価額を控除した残額によって評価します（相法23の２②）。なお、この場合の居住建物の時価は、賃貸の用に供されていた部分がある場合であっても、上記イ（イ）のような按分計算を行いません。」記載されている。この記載内容を「貸家部分の按分計算をしない」と理解すると、貸家部分を貸家評価せず、建物の相続税評価額の総額から自用部分の配偶者居住権の価額を控除して建物の所有権の価額を算定することになる。

同様に、『令和元年度税制改正の解説』502頁の「土地等の相続開始時における配偶者居住権が設定されていないものとした場合の時価から、上記ハにより計算した配偶者居住権に基づき居住建物の敷地を使用する権利の価額を控除した残額によって評価します（相法23の２④）。なお、この場合の土地等の時価は、居住建物に賃貸の用に供されていた部分がある場合であっても、上記ハのような按分計算を行いません。」の記述を、「貸家に供している敷地部分の按分をしない」と理解すると、土地の相続税評価額の総額から自用部分の配偶者居住権の敷地利用権の価額を控除して当該建物の敷地（所有権）の価額を算定することになる。

これが、Answer 1である。『令和元年度税制改正の解説』において、もう少し詳細な計算例がほしかった。

4　Answer 2の解説

「賃貸している場合であっても、配偶者居住権を取得することは可能であるが、当該権利を建物賃借人に対抗できない。一方、相続により居住建物の一部を賃貸に供されている建物所有権を取得した者は、当然に建物賃貸人の地位を承継するのであるから、家賃の収受権は建物所有者に帰属することになる」との改正相続法の立法担当者の記述からもわかるように、建物及びその敷地の所有者は、借地借家法で保護された賃借人との様々な折衝等の負担を承継したことになるのである。

確かに、配偶者居住権は、無償でありながら建物全体について対抗力を備えて排他的に使用できる権利であるが、それはあくまで配偶者の居住を保護するためだからである。配偶者居住権を設定する前から被相続人が一部賃貸に供していた場合は、既存の賃借人に配偶者は対抗できないのであるから、建物とその敷地を利用区分に分けて評価すべきである。配偶者居住権の相続税評価は、法定評価になったが、貸家や貸家建付地は、財産評価基本通達（評基通93、26）によるべきである。宅地の評価も利用の単位で評価する（評基通7－2）となっている。そうなると、税務上は、建物の貸家部分は貸家評価をし、土地についても貸家部分の敷地は貸家建付け地評価をすることになり、Answer 2が正しいはずである。

ところで、国税庁は、令和２年３月４日に「相続税法基本通達の改正のあらまし」を公表した。この設問（Case1）にも関連するのでここで触れておきたい。

①　一時的な空室がある場合の「賃貸の用に供されている部分」の範囲（相基通23の２－１新設）

貸家建付地を評価する場合には、「賃貸されている各独立部分」の意義として、相続開始の時において一時的に空室となったにすぎないと認められるものについては、相続開始の時においても賃貸されていたものとして取り扱って差し支えないこととされている（評基通26（2）（注）2）が、配偶者居住権の評価においても、この取扱いと同様に、賃貸されている部分として取り扱う（貸家の床面積に含める）ことを留意的に明らかにした。

②　「配偶者居住権が設定された時」の意義（相基通23の2－2新設）

設問（Case1）は、遺贈なので、「配偶者居住権が設定された時」は、「相続開始の時」になるが、遺産の分割によって配偶者居住権を取得した場合は、配偶者居住権の効力が生じるのは相続開始の時よりも後の時点であり、その時点を起算点として配偶者居住権の「存続年数」が定まると考えられるから、居住建物の「経過年数」についても、相続開始の時ではなく、「遺産分割が行われた時」であることを、留意的に明らかにした。もし、遺産の分割が複数回に渡って行われた場合は、「配偶者居住権の設定に係る遺産の分割が行われた時」が、「配偶者居住権が設定された時」となる。

③　相続開始前に増改築がされた場合の「建築後の経過年数」の取扱い（相基通23の2－3新設）

「居住建物の時価」は、評価基本通達89（(家屋の評価)）の定めにより、固定資産税評価額に基づき計算する。したがって、建物の増改築がされた場合についても、基本的に（増改築と遺贈が同一年度でない通常の場合）その増改築後の建物の状況に応じた固定資産税評価額が付されるため、居住建物の時価は当該固定資産税評価額に基づき計算することとなる。よって、増改築部分を区分することなく、新築時からの経過年数によることが留意的に明らかになった。

④　法定利率（相基通23の2－4新設）

法定利率は、配偶者居住権が設定された時における法定利率の規定（民404）に基づく利率をいうと改めて明記した。

⑤　完全生命表（相基通23の2－5新設）

法施行規則第12条の3に規定する「完全生命表」は、配偶者居住権が設定された時の属する年の1月1日現在において公表されている最新のものによることが明記された。なお、「平均余命」については、「当該配偶者居住権が設定された時における当該配偶者の平均余命」（相令5の8③一）

と規定されており、「完全生命表に掲げる年齢」は、配偶者居住権が設定された時における満年齢となる。

※ここで公表された「配偶者居住権等の評価明細書」とその裏面を掲載する。

裏面には、「配偶者居住権等の評価で用いる建物の構造別の耐用年数」や、「生命表（完全生命表）に基づく平均余命」、「配偶者居住権の存続年数に応じた法定利率に基づく複利現価表」が記載されている。

○配偶者居住権等の評価明細書

配偶者居住権等の評価明細書

（令和二年四月一日以降用）

所有者				
建物	（被相続人氏名） ① 持分割合＿＿	（配偶者氏名） 持分割合＿＿	所在地番（住居表示）	（　　　）
土地	（被相続人氏名） ② 持分割合＿＿	（共有者氏名） 持分割合＿＿	（共有者氏名） 持分割合＿＿	

居住建物の内容			
建物の耐用年数	（建物の構造） ※裏面《参考1》参照 ＿＿＿＿	年	③
建築後の経過年数	（建築年月日）＿＿年＿＿月＿＿日 から （配偶者居住権が設定された日）＿＿年＿＿月＿＿日 … ＿＿年 〔6月以上の端数は1年 6月未満の端数は切捨て〕	年	④
建物の利用状況等	建物のうち賃貸の用に供されている部分以外の部分の床面積の合計	㎡	⑤
	建物の床面積の合計	㎡	⑥

配偶者居住権の存続年数等		
〔存続期間が終身以外の場合の存続年数〕（配偶者居住権が設定された日）＿＿年＿＿月＿＿日 から （存続期間満了日）＿＿年＿＿月＿＿日 … Ⓐ＿＿年 〔6月以上の端数は1年 6月未満の端数は切捨て〕	存続年数（Ⓒ） 年	⑦
〔存続期間が終身の場合の存続年数〕（配偶者居住権が設定された日における配偶者の満年齢）＿＿歳（生年月日＿＿年＿＿月＿＿日、性別＿＿） … （平均余命）Ⓑ ※裏面《参考2》参照 ＿＿年 〔Ⓒ 〔ⒶとⒷのいずれか短い年数とし、Ⓐがない場合はⒷの年数〕 ＿＿年〕	複利現価率 ※裏面《参考3》参照 0.	⑧

評価の基礎となる価額				
建物	賃貸の用に供されておらず、かつ、共有でないものとした場合の相続税評価額		円	⑨
	共有でないものとした場合の相続税評価額		円	⑩
	相続税評価額	（⑩の相続税評価額）＿＿円 × （①持分割合）＿＿	円（円未満切捨て）	⑪
土地	建物が賃貸の用に供されておらず、かつ、土地が共有でないものとした場合の相続税評価額		円	⑫
	共有でないものとした場合の相続税評価額		円	⑬
	相続税評価額	（⑬の相続税評価額）＿＿円 × （②持分割合）＿＿	円（円未満切捨て）	⑭

○配偶者居住権の価額

（⑨の相続税評価額）＿＿円 × 〔⑤賃貸以外の床面積 / ⑥居住建物の床面積〕 ＿＿㎡ / ＿＿㎡ × （①持分割合）＿＿	円（円未満四捨五入）	⑮
（⑪の金額）＿＿円 － （⑮の金額）＿＿円 × 〔③耐用年数－④経過年数－⑦存続年数 / ③耐用年数－④経過年数〕（注）分子又は分母が零以下の場合は零。 × （⑧複利現価率）0.	（配偶者居住権の価額） 円（円未満四捨五入）	⑯

○居住建物の価額

（⑪の相続税評価額）＿＿円 － （⑯配偶者居住権の価額）＿＿円	円	⑰

○配偶者居住権に基づく敷地利用権の価額

（⑫の相続税評価額）＿＿円 × 〔⑤賃貸以外の床面積 / ⑥居住建物の床面積〕 ＿＿㎡ / ＿＿㎡ × 〔①と②のいずれか低い持分割合〕＿＿	円（円未満四捨五入）	⑱
（⑱の金額）＿＿円 － （⑱の金額）＿＿円 × （⑧複利現価率）0.	（敷地利用権の価額） 円（円未満四捨五入）	⑲

○居住建物の敷地の用に供される土地の価額

（⑭の相続税評価額）＿＿円 － （⑲敷地利用権の価額）＿＿円	円	⑳

備考	

（注）土地には、土地の上に存する権利を含みます。

（令和二年四月一日以降用）

（裏）

記載方法等

この評価明細書は、「配偶者居住権」、「居住建物（配偶者居住権の目的となっている建物をいいます。）」、「配偶者居住権に基づく敷地利用権」及び「居住建物の敷地の用に供される土地」を評価する場合に使用してください。

1　⑨「賃貸の用に供されておらず、かつ、共有でないものとした場合の相続税評価額」とは、相続開始時において、配偶者居住権が設定されておらず、かつ、建物全てが自用であるとした場合において、建物を単独所有しているとしたときの建物の時価です。したがって、当該建物については、財産評価基本通達第３章((家屋及び家屋の上に存する権利))の定めに基づき評価しますが、同通達93((貸家の評価))の定めは適用しませんので、⑨の価額は、原則として、建物の固定資産税評価額となります。

2　⑩「共有でないものとした場合の相続税評価額」とは、相続開始時において、配偶者居住権が設定されておらず、かつ、建物を単独所有しているとした場合の建物の時価です。したがって、当該建物については、財産評価基本通達第３章((家屋及び家屋の上に存する権利))の定めに基づき評価しますので、被相続人の持分を乗ずる前の相続税評価額（居住建物の一部を賃貸の用に供していない場合には⑨と同額、居住建物の一部を賃貸の用に供している場合には、同通達93の定めを適用して評価した価額）となります。

3　⑫「建物が賃貸の用に供されておらず、かつ、土地が共有でないものとした場合の相続税評価額」とは、相続開始時において、配偶者居住権が設定されておらず、かつ、建物全てが自用であるとした場合において、土地を単独所有しているとしたときの土地の時価です。したがって、当該土地については、財産評価基本通達第２章((土地及び土地の上に存する権利))の定めに基づき評価しますが、同通達26((貸家建付地の評価))、26－２((区分地上権等の目的となっている貸家建付地の評価))、28((貸家建付借地権等の評価))、30((転借権の評価))ただし書及び87－７((占用の許可に基づき所有する家屋を貸家とした場合の占用権の評価))（以下「貸家建付地の評価等」といいます。）の定めは適用しません（「土地及び土地の上に存する権利の評価明細書」等で計算してください。）。

4　⑬「共有でないものとした場合の相続税評価額」とは、相続開始時において、配偶者居住権が設定されておらず、かつ、土地を単独所有しているとした場合の土地の時価です。したがって、当該土地については、財産評価基本通達第２章((土地及び土地の上に存する権利))の定めに基づき評価しますので、被相続人の持分を乗ずる前の相続税評価額（居住建物の一部を賃貸の用に供していない場合には⑫と同額、居住建物の一部を賃貸の用に供している場合には、貸家建付地の評価等の定めを適用して評価した価額）となります（「土地及び土地の上に存する権利の評価明細書」等で計算してください。）。

《参考1》配偶者居住権等の評価で用いる建物の構造別の耐用年数(「居住建物の内容」の③)

構　造	耐用年数
鉄骨鉄筋コンクリート造又は鉄筋コンクリート造	71
れんが造、石造又はブロック造	57
金属造（骨格材の肉厚４㎜超）	51
金属造（骨格材の肉厚３㎜超～４㎜以下）	41

構　造	耐用年数
金属造（骨格材の肉厚３㎜以下）	29
木造又は合成樹脂造	33
木骨モルタル造	30

《参考2》第22回生命表(完全生命表)に基づく平均余命(「配偶者居住権の存続年数等」の⑪)　※平成29年3月1日公表(厚生労働省)

満年齢	平均余命		満年齢	平均余命		満年齢	平均余命		満年齢	平均余命		満年齢	平均余命	
	男	女		男	女		男	女		男	女		男	女
16	－	71	36	46	52	56	27	32	76	11	15	96	3	3
17	－	70	37	45	51	57	26	32	77	11	14	97	3	3
18	63	69	38	44	50	58	25	31	78	10	13	98	2	3
19	62	68	39	43	49	59	24	30	79	9	12	99	2	3
20	61	67	40	42	48	60	24	29	80	9	12	100	2	3
21	60	66	41	41	47	61	23	28	81	8	11	101	2	2
22	59	65	42	40	46	62	22	27	82	8	10	102	2	2
23	58	64	43	39	45	63	21	26	83	7	10	103	2	2
24	57	63	44	38	44	64	20	25	84	7	9	104	2	2
25	56	62	45	37	43	65	19	24	85	6	8	105	2	2
26	55	61	46	36	42	66	19	23	86	6	8	106	2	2
27	54	60	47	35	41	67	18	22	87	5	7	107	1	2
28	53	59	48	34	40	68	17	22	88	5	7	108	1	1
29	52	58	49	33	39	69	16	21	89	5	6	109	1	1
30	51	57	50	32	38	70	16	20	90	4	6	110	1	1
31	50	56	51	31	37	71	15	19	91	4	5	111	1	1
32	49	55	52	31	36	72	14	18	92	4	5	112	1	1
33	49	55	53	30	35	73	13	17	93	3	4	113	－	1
34	48	54	54	29	34	74	13	16	94	3	4	114	－	1
35	47	53	55	28	33	75	12	16	95	3	4	115	－	1

《参考3》複利現価表(法定利率3%)(「配偶者居住権の存続年数等」の⑧)

存続年数	複利現価率	存続年数	複利現価率	存続年数	複利現価率	存続年数	複利現価率	存続年数	複利現価率	存続年数	複利現価率	存続年数	複利現価率
1	0.971	11	0.722	21	0.538	31	0.400	41	0.298	51	0.221	61	0.165
2	0.943	12	0.701	22	0.522	32	0.388	42	0.289	52	0.215	62	0.160
3	0.915	13	0.681	23	0.507	33	0.377	43	0.281	53	0.209	63	0.155
4	0.888	14	0.661	24	0.492	34	0.366	44	0.272	54	0.203	64	0.151
5	0.863	15	0.642	25	0.478	35	0.355	45	0.264	55	0.197	65	0.146
6	0.837	16	0.623	26	0.464	36	0.345	46	0.257	56	0.191	66	0.142
7	0.813	17	0.605	27	0.450	37	0.335	47	0.249	57	0.185	67	0.138
8	0.789	18	0.587	28	0.437	38	0.325	48	0.242	58	0.180	68	0.134
9	0.766	19	0.570	29	0.424	39	0.316	49	0.235	59	0.175	69	0.130
10	0.744	20	0.554	30	0.412	40	0.307	50	0.228	60	0.170	70	0.126

⑥　配偶者居住権の設定後に相続若しくは遺贈又は贈与により取得した当該配偶者居住権の目的となっている建物及び当該建物の敷地の用に供される土地の当該取得の時の価額（相基通23の２－６新設）

配偶者が死亡した場合には、民法の規定により配偶者居住権が消滅することとなり、居住建物の所有者はその居住建物について使用収益ができることとなるが、これは民法の規定により（予定どおり）配偶者居住権が消滅するものであり、配偶者から居住建物の所有者に相続を原因として移転する財産ではないので、相続税の課税関係は生じない（配偶者居住権の存続期間が有期で設定されて存続期間が満了した場合も、同様に贈与税の課税関係は生じない）（『令和元年度税制改正の解説』503頁）。

では、配偶者居住権の設定された不動産を、相続若しくは遺贈又は贈与により取得した場合の課税における評価はどうなるのか、それを規定したのがこの通達である。

これらの場合、依然配偶者居住権が存続しているのであるから、二次相続により取得した相続人等も配偶者居住権者による当該居住建物の無償の使用・収益を受忍する負担を負うことになる。そこで、二次相続等により居住建物等を取得した場合の当該居住建物等の価額は、一次相続に係る配偶者居住権が設定されていないものとして、相続税法23条の２の規定に準じて改めて計算することを留意的に明らかにしたのである。

例えば、設例（Case1）で、配偶者が75歳の時に、その所有者が亡くなったとすると、

建物の経過年数は5年→10年となり、

75歳の女性の残存年数は16年となり、

16年の複利原価率は0.623となる。

建物の相続税評価額や土地の相続税評価額は、その二次相続等の取得時の評価額に基づき、配偶者居住権の価額と配偶者居住権の敷地利用権の価額を計算し、建物の相続税評価額から配偶者居住権の価額を控除し、土地の相続税評価額から配偶者居住権の敷地利用権の価額を控除して、当該配偶者居住権の目的となっている建物及び当該建物の敷地の用に供される土地の当該取得の時の価額を算定するのである。

Case2 配偶者居住権への小規模宅地特例の適用の可否

Case1の場合、租税特別措置法69条の４に規定する小規模宅地の特例は適用されるのでしょうか。

Answer

配偶者居住権は借家権類似の権利で建物に係る権利ですから、配偶者居

住権そのものや配偶者居住権の付いた建物には小規模宅地の特例を適用することはできません。一方、配偶者居住権は、当該建物の敷地を利用することが前提となっているので、前問のとおり配偶者居住権の敷地利用権の価額を算出することになります。当該敷地利用権は措置法69条の４に規定する「土地の上に存する権利」に該当しますので、居住の用に係る小規模宅地の特例（80％減）の対象となります。

✍Study

配偶者居住権は、建物に関する権利であって土地に係るものではないが、その権利行使上当該建物の敷地も事実上支配することとなるので相続税法は配偶者居住権に敷地権の価額の評価方法を規定したものと解される（相法23の２）。

ところで、配偶者居住権者が母であり、土地所有者が子の場合で同居しているときは、小規模宅地の特例を適用するに当たり母子ともに当該特例を適用し得るのでその面積をどの様に配偶者及び子に配分すべきかとの問題が生じる。

平成31年度の税制改正で、「法第69条の４第１項の規定の適用を受けるものとしてその全部又は一部の選択をしようとする特例対象宅地等が配偶者居住権の目的となっている建物の敷地の用に供される宅地等又は当該宅地等を配偶者居住権に基づき使用する権利の全部又は一部である場合には、当該特例対象宅地等の面積は、当該面積に、それぞれ当該敷地の用に供される宅地等の価額又は当該権利の価額がこれらの価額の合計額のうちに占める割合を乗じて得た面積であるものとみなして、同項の規定を適用する」（措令40の２⑥）と規定された。つまり、価額比により面積を按分し小規模宅地の特例の限度面積を算定することとしている。

次に、建物の一部について賃貸の用に供されている部分に対応する部分の土地について、小規模宅地の特例（50％減）の適用があるかとの疑問が生じる。

これも、この規定から解釈できるはずである。Case １のAnswer ２とその解説からも貸家建付け地の50％評価減を検討する余地はある。

なお、Case1の相続人の母子が同居していて、かつ、被相続人の父が相続開始前３年以内に新たに貸付事業の用に供した宅地等でない（新築当初から家屋の50㎡は賃貸していた）との前提とする。

宅地200㎡を貸家の床面積50㎡と居住用床面積100㎡で按分する。

居住用敷地　200×100÷150＝133.33㎡

貸家建付敷地　200×50÷150＝66.67㎡

配偶者居住権の敷地利用権

133.33×17,840,000÷40,000,000＝59.47㎡

土地の所有権　133.33－59.47＝73.86㎡

（133.33×0.554＝73.86㎡）

配偶者の特定居住用宅地等の評価減額　109.22㎡＜330㎡

17,840,000×0.8＝14,272,000円

土地の所有者である子供の特定居住用宅地等と貸付事業用宅地の評価減額

22,160,000×0.8＝17,728,000

16,400,000×0.5＝8,200,000

17,728,000＋8,200,000＝25,928,000円

※全体の面積要件　133.33×200÷300＋66.67＝147.476㎡＜＝200㎡　OK

Case3 配偶者居住権の期間の途中で合意解除・放棄等があった場合

配偶者居住権の期間の途中で合意解除、放棄等があった場合の税法の取扱いを教えてください。

Answer

対価の支払がない場合は贈与税が課税され、対価の支払があった場合は譲渡所得が課税されます。

Study

①　対価の支払がない場合

令和元年７月２日に「配偶者居住権が合意等により消滅した場合」（相基通９－13の２）の通達が新設された。

配偶者居住権は、定められた存続期間の延長や更新はできないと解されているが、配偶者居住権を取得した被相続人の配偶者と当該配偶者居住権の目的となっている建物の所有者との間の合意若しくは当該配偶者による配偶者居住権の放棄又は民法1032条４項《建物所有者による消滅の意思表示》の規定による建物の所有者の意思表示によって、配偶者居住権を消滅させることはできることとされている。

このような場合、配偶者居住権が消滅したことにより所有者に使用収益する権利が移転したものと考えられるから、相続税法９条の規定により配偶者から贈与があったものとみなして居住建物の所有者に対して贈与税が課税されることになる。

例えば、母は70歳で、建物は木造築5年で相続税評価額は3,000万円、土地の相続税評価額は6,000万円とする。

※住宅用木造建物の耐用年数22年×1.5＝33年

残存年数20年（70歳女性の平均余命年数）

複利現価率0.554（法定利率３％、20年間）

相続時の評価は以下のとおりとなる。

① 配偶者居住権の価額

3,000万円×｛(33年－５年）－20年｝／（33年－５年)｝×0.554

＝3,000万円×８／28×0.554＝4,748,571円

3,000万円－4,748,571＝25,251,429円

② 配偶者居住権の敷地利用権の価額

6,000万円－6,000万円×0.554＝26,760,000円

③ 建物の価額

30,000,000－25,251,429＝4,748,571円

④ 当該建物の敷地（所有権）の価額

60,000,000－26,760,000＝33,240,000円

その後、５年後に合意解除し対価の支払がないまま配偶者居住権が消滅した場合

建物の相続税評価額2,700万円、土地の相続税評価額6,500万円

残存年数16年（75歳の平均余命年数）

複利現価率0.623（法定利率３％、15年間）

① 配偶者居住権の価額

2,700万円×｛(33年－10年）－16年｝／（33年－10年)｝×0.623

＝2,700万円×７／23×0.623＝5,119,434円

2,700万円－5,119,434＝21,880,566円

② 配偶者居住権の敷地利用権の価額

6,500万円－6,500万円×0.623＝24,505,000円

配偶者居住権の価額21,880,566円と配偶者居住権の敷地利用権の価額24,505,000円を配偶者より贈与により取得したものとみなされる。

② 対価の支払があった場合

令和２年度税制改正大綱では、「配偶者居住権又は配偶者敷地利用権が消滅等をし、その消滅等の対価として支払を受ける金額に係る譲渡所得の金額の計算上控除する取得費は、配偶者居住権の目的となっている建物又はその建物の敷地の用に供される土地等についてその被相続人に係る居住建物等の取得費に配偶者居住権等割合を乗じて計算した金額から、その配偶者居住権の設定から消滅等までの期間に係る減価の額を控除した金額とする。」と記載され（財務省『令和２年度税制改正大綱』11頁）、譲渡所得として課税されることと、取得費の計算方法が明らかになった。

併せて、「相続により居住建物等を取得した相続人が、配偶者居住権及び配偶者敷地利用権が消滅する前に当該居住建物等を譲渡した場合における譲渡所得の金額の計算上控除する取得費は、その居住建物等の取得費から配偶者居住権又は配偶者敷地利用権の取得費を控除した金額とする」と取得費の計算方法が明らかになった。

例えば、上記の例で、被相続人の建物の取得費5,000万円で土地の取得費が1,000万円との条件を加えると、

建物の取得費　耐用年数33年の償却率0.031

50,000,000×0.9×0.031×５年＝6,975,000円（相続までの減価）

配偶者居住権の取得費

(50,000,000－6,975,000）×25,251,429÷30,000,000＝36,214,757円

36,214,757－36,214,757×0.9×0.031×５年＝31,162,799円

建物所有者の取得費

(50,000,000－6,975,000）×4,748,571÷30,000,000＝6,810,242円

6,810,242－6,810,242×0.9×0.031×５年＝5,860,214円

土地の取得費

配偶者居住権の敷地利用権の取得費

10,000,000×26,760,000÷60,000,000＝4,460,000円

当該建物の敷地（所有権）の取得費

10,000,000×33,240,000÷60,000,000＝5,540,000円

Case4 配偶者居住権に関するその他の税制上の改正点

配偶者居住権に関するその他の税制上の改正点を教えてください。

Answer Study

令和２年度の税制改正大綱には、上記の「譲渡所得の計算上の取得費の取扱い」以外に以下の２点の記載がある。

① 収用等に伴い代替資産を取得した場合の課税の特例等について、居住建物等が収用等をされた場合において、配偶者居住権又は配偶者敷地利用権が消滅等をし、一定の補償金を取得するときは、その適用ができることとする。

（注）特例の対象となる上記の補償金の全部又は一部に相当する金額をもって取得する代替資産の範囲について所要の措置を講ずる。

この記載をみると、譲渡不可である配偶者居住権ではあるが、公共事業を円滑に進めるために収用の税制の優遇対象に配偶者居住権を含めたわけであろう（措法33③）。そして、特別控除も認めるよう改正された（措法33の４）。

② 換地処分等に伴い資産を取得した場合の課税の特例の適用対象に、第一種市街地再開発事業等が施行された場合において、居住建物等に係る権利変換により施設建築物の一部等に配偶者居住権が与えられたときを加えることとする。

こちらは、措置法33条の３の改正では読み取れないが、「権利変換によ

り施設建築物の一部を取得する権利……」の箇所を受けて、政令で「その権利とは配偶者居住権を含む」と改正されるのではないかと思われる。

一方、配偶者居住権が居住用財産の譲渡所得の特別控除（措法35）の対象になるかについては、令和２年度の税制改正大綱で一切触れられていない。それは、合意解除や放棄等による配偶者居住権の消滅で対価を受領した場合を譲渡所得の対象とみなしたとしても、譲渡禁止の配偶者居住権を居住用財産の譲渡所得の特別控除の対象に含めることは不適切であるからだと思われる。

Ⅸ　おわりに

改正民法で配偶者居住権が新設されることで、相続で配偶者が取得する財産について、細やかな選択肢が追加された。綿密な租税計画をプランニングする場合には、配偶者居住権の利用により居住用不動産のうち、どれぐらいの割合で建物・土地について区分されることになるかを把握しておくことが必要となってくる。

理屈の上では、配偶者居住権が二次相続において相続財産とならないことにより、一次・二次の相続でプランニングした場合に、配偶者居住権を活用することにより、一定の節税効果も期待できるものとなっている。父の居住用財産を最終的に子が相続により取得する場合を仮定すると、母に配偶者居住権を設定し、子が所有権を相続することで、子は、一次相続において、母の配偶者居住権相当額の相続財産の減額となり、二次相続では課税されない。母は一次相続で配偶者居住権等が課税財産となるが、相続税法上の配偶者控除・基礎控除などを活用することで、一次相続での相続税課税を免れるという活用法が効果的な場合である。しかし、相続法改正時の法制審議会が想定しなかった行き過ぎたプランニングは、租税回避とみなされないかとの懸念もある。

一方で、大口の相続税案件では、特定居住用の小規模宅地の減額特例や配偶者控除の活用が期待できるため、あえて配偶者の取得する居住用財産を小さくする配偶者居住権の利用は進みづらいとも考えられる。

配偶者居住権は相続税に影響を及ぼすものではあるが、しっかりと相続に固有な事情を把握することが、相続の選択肢が増えたことで重要になってくる。

夫に先立たれた妻が本当に必要な衣食住は何であるのか、衣食は金銭に代替されるとしても、住を財産権と利用権に切り分けての新たな制度設計（配偶者居住権の新設）は、配偶者の居住権の保護の視点からは的を射た施策であり、相当なニーズも想定される。税理士にとっては、新しい遺産相続の手法としての配偶者居住権の理解、配偶者居住権を取得した場合の相続税のシミュレーション、さらに、配偶者とその子供との関係をしっかりと把握して対応していくことが大切になってくるものと思われる。

〔佐治俊夫〕

〈コラム3〉

法定相続情報証明制度の活用

相続を進めるにあたって、まず、被相続人が生まれてから死亡するまでの、全ての戸籍謄本（除籍謄本を含む）を、生前に本籍のあった全ての市区町村から集めて、相続人を確定しなければならない。この作業がなかなか苦労するものである。

我々税理士は、日本税理士会連合会統一用紙の「戸籍謄本・住民票の写し等職務上請求書」（戸籍法10条の２第３項、第４項及び住基法12条の３第２項、20条４項による請求）に必要事項を記載して、税理士証書の写しと手数料分の郵便小為替と返信用封筒を同封して、郵送で市区町村に請求することができる。ただし、税理士業務のための請求なので、原則それぞれ１通ずつである。

しかし、現実には、税務署以外に登記所や金融機関や証券会社等にもそれは必要である。以前は、時間的余裕がある場合は、不動産登記を優先して司法書士に依頼し、登記完了時に戸籍謄本等の原本還付を受け、その法務省で確認済みの戸籍謄本等の原本を金融機関等に提示して手続を進めていた。

しかし、現在は法定相続情報証明制度という便利な制度を活用している（平29. 5.29から運用）。近くの法務局に出向き、作成した相続関係図と、取り寄せた被相続人の戸籍謄本（改製原戸籍や除籍謄本を含む）と、相続人の戸籍謄本を提示し、登記官に確認してもらう。

早ければ、その場で、「認証文付き法定相続情報一覧図」の写しの交付を受けることができる。これを必要部数受け取り、戸籍謄本の束の代わりに各種手続時に提出している。

第3章

特別寄与料と税務

Ⅰ　制度概要

今回の民法改正において、被相続人の親族が被相続人の療養看護等の役務の提供を行った場合には、一定の要件を満たすことにより、相続人に対して金銭請求ができるようになった。改正前は、相続人ではないという形式的な理由で、無償で被相続人の資産の維持や増加に貢献した者が評価されず、何も貢献していない相続人が相続分を受けることについて、不公平感を覚える者が多いとの指摘がされており[1]、実質的公平性が容認された改正といえる。

Ⅱ　民法の改正

1　特別寄与に関する民法の改正経緯

戦後の相続の改正（家督相続の廃止）により、共同相続人間で均分相続されるようになったが、共同相続人の中に無償で家業に従事し、被相続人の財産の維持や増加に多大な貢献をした者がいても、その貢献を評価する法律上の根拠がないため、均分相続するほかなかった。しかし、1960年頃（昭和30年後半）から家庭裁判所では遺産分割の際に寄与分を考慮するものが現れ、昭和55年改正で追認された[2]。当時、制度を検討する際、寄与分を主張できる者の範囲はどこまでか、何をすれば寄与として認められるのか、寄与の評価をどのように行うか、特に寄与の評価について、相続人の中で争いが起こることは予想でき、その紛争を処理する手続きの設定や相続の計算ではその寄与をどのように含めるかなどの様々な問題があげられた。検討課題は多く、相続人のみを対象とした寄与分制度を創設し、相続人以外の親族への寄与分は実現されなかった[3]。

平成30年度改正においては、特別寄与の請求権者をどの範囲まで認めるかが検討課題となり、当初は、「被相続人の直系血族及びその配偶者、被相続人の兄弟姉妹及びその配偶者並びに被相続人の兄弟姉妹の子及びその配偶者」に限定する案であったが、連れ子も請求権者に加えるのが相当

1　平成28年6月21日「民法（相続関係）等の改正に関する中間試案の補足説明」80頁。

2　内田貴『民法Ⅳ（補訂版）』（東京大学出版会、2014年）387頁。近藤幸治『民法講義Ⅶ（第2版）』（成文堂、2015年）279頁。

3　加藤一郎「相続法の改正（下）」ジュリ723号111頁。

であるとして、これに「被相続人の配偶者の直系血族」を加える考え方等が提案されたが、「被相続人の配偶者の直系血族」を加えると法制的観点から請求権者の範囲について統一的、合理的な説明をすることは極めて困難あること、相続財産の分配は、相続人が不存在の場合を除き、被相続人と一定の身分関係がある者の間で行うという限度で、現行法の規律との連続性を維持するものであり、被相続人と何ら身分関係がない者を請求権者に加えることは、紛争の複雑化、困難化等の観点から相当でないとして特別寄与の請求権者を被相続人の親族とした[4]。

２　特別寄与料（民1050）と寄与分（民904の２）の条文比較

特別寄与料については、民法第五編第10章の特別の寄与として、新しい章が設けられた。昭和55年改正で創設された寄与分（民904の２）と令和元年７月１日に施行した特別寄与料（民1050）の条文を比較する。

第904条の２（寄与分）	第1050条（特別な寄与）
１　共同相続人中に、被相続人の事業に関する労務の提供又は財産上の給付、被相続人の療養看護その他の方法により被相続人の財産の維持又は増加について特別の寄与をした者があるときは、被相続人が相続開始の時において有した財産の価額から共同相続人の協議で定めたその者の寄与分を控除したものを相続財産とみなし、第900条から第902条[5]までの規定により算定した相続分に寄与分を加えた額をもってその者の相続分とする。	１　被相続人に対して無償で療養看護その他の労務の提供をしたことにより被相続人の財産の維持又は増加について特別の寄与をした被相続人の親族（相続人、相続の放棄をした者及び第891条の規定に該当し又は廃除によってその相続権を失った者を除く。以下この条において「特別寄与者」という。）は、相続の開始後、相続人に対し、特別寄与者の寄与に応じた額の金銭（以下この条において「特別寄与料」という。）の支払を請求することができる。
２　前項の協議が調わないとき、又は協議をすることができないときは、家庭裁判所は、同項に規定する寄与をした者の請求により、寄与の時期、方法及び程度、相続財	２　前項の規定による特別寄与料の支払について、当事者間に協議が調わないとき、又は協議をすることができないときは、特別寄与者は、家庭裁判所に対して協議に代わ

4　法務省法制審議会民法（相続関係）部会第１回会議（平成27年４月21日）開催　参考資料２　これまでの改正の経緯4頁。衆議院法務委員会では、「被相続人と近しい関係にある者が被相続人の療養看護等をした場合には、被相続人との間で報酬の契約を締結するなどの対応が類型的に困難であることに鑑みて、これらの者の利益を保護することを目的とするものであり、請求権者の範囲を限定することにも合理性がある。」と説明されている。第196回国会衆議院法務委員会第19号
http://www.shugiin.go.jp/internet/itdb_kaigiroku.nsf/html/kaigiroku/000419620180608019.htm#p_honbun

5　民法900（法定相続分）、民法901（代襲相続人の相続分）、民法902（遺言による相続分の指定）

産の額その他一切の事情を考慮して、寄与分を定める。	る処分を請求することができる。ただし、特別寄与者が相続の開始及び相続人を知った時から六箇月を経過したとき、又は相続開始の時から一年を経過したときは、この限りでない。 3　前項本文の場合には、家庭裁判所は、寄与の時期、方法及び程度、相続財産の額その他一切の事情を考慮して、特別寄与料の額を定める。
3　寄与分は、被相続人が相続開始の時において有した財産の価額から遺贈の価額を控除した残額を超えることができない。	4　特別寄与料の額は、被相続人が相続開始の時において有した財産の価額から遺贈の価額を控除した残額を超えることができない。
4　第二項の請求は、第907条第2項の規定による請求があった場合又は第910条[6]に規定する場合にすることができる。	（条文無し）
（条文無し）	5　相続人が数人ある場合には、各相続人は、特別寄与料の額に第900条から第902条までの規定により算定した当該相続人の相続分を乗じた額を負担する。

従来型の寄与分が、①相続人を対象とし、②遺産分割協議の場を前提にしているのに対して、新たに創設された特別な寄与は、①相続人以外の親族を対象とし、②遺産分割協議外（相続手続と分離して）で相続人に金銭請求する点が、最大の相違点である。

3　特別寄与料を請求できる者（民1050①）

特別寄与者の範囲は、相続人以外の被相続人の親族（六親等以内の血族、配偶者、三親等以内の姻族（民725）であり、下図のように対象者は広範囲となる[7]。

あくまで相続開始時点で被相続人の親族でなければならない。永年、夫の両親を無償で介護していたが、夫婦問題で離婚をした元妻には、特別寄与料を請求する権利はない。

なお、夫婦には協力扶助義務（民752）、直系血族及び兄弟姉妹には扶

6　民法907（遺産の分割の協議又は審判等）、民法910（相続の開始後に認知された者の価額の支払請求権）

7　ただし、相続放棄をした者、相続の欠陥事由に該当又は排除によって相続権を失った者を除く（民法1050①）。

養義務（民 877 ①）、直系血族及び同居の親族には相互義務（民 730）の制度があるため、それらの義務の範囲を超えた特別な貢献をした行為が特別な寄与として認められる。

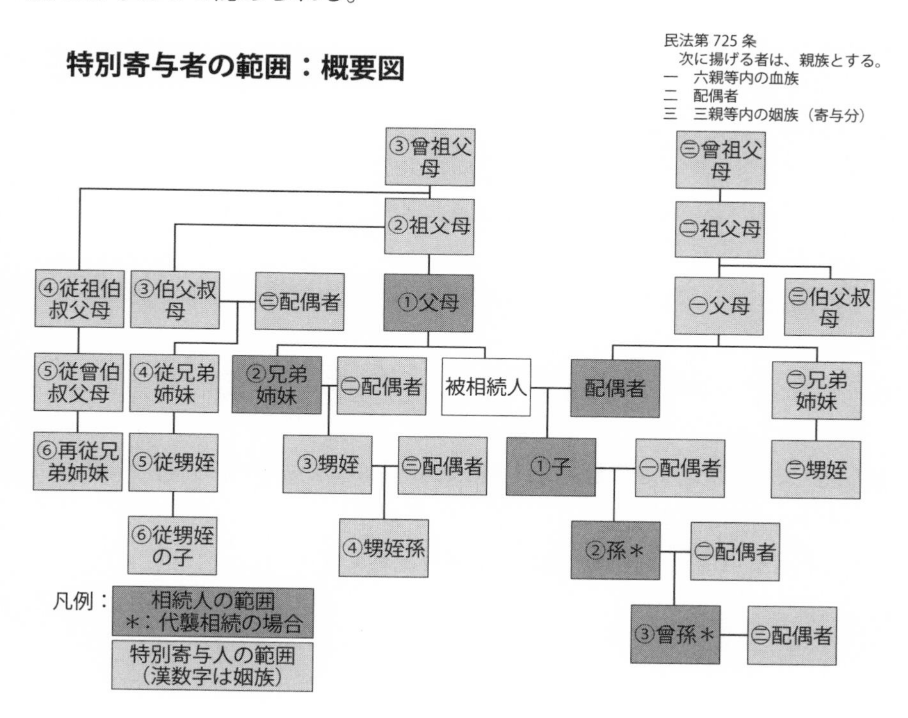

4　特別な寄与の無償性（民1050①）

民法 1050 条 1 項では、特別の寄与について、「無償で」の役務の提供と明記している。民法 904 条の 2 の寄与分制度において、特に被相続人の療養看護や被相続人の事業を無償で手伝った場合など、無償で労務の提供がされた類型については、相続人でないという形式的な理由で相続財産の分配にあずかれないことに対する不公平感が強いとの指摘があること等を踏まえたため[8]である。民法 904 条の 2 の寄与分では、無償性を要件として明記していない点が大きく異なる点である。しかし、民法 1050 条 3 項においては、家庭裁判所は「一切の事情を考慮して定める」とあり、

8　前掲（1）85頁。

特別な寄与の行為となる役務の提供の対価が著しく低いときは無償に等しいとし、特別な寄与料から生前に受け取った対価との差額を請求する余地があるため、必ず無償であることを求められていないことに留意する必要がある[9]。

5　特別寄与料の請求が難しいとき（民1050②）

特別寄与者は特別寄与料請求額の支払については相続人と当事者間で協議を行う。協議をすることができないときは、家庭裁判所に協議に代わる処分を請求することができる（民 1050 ②）。実務上においては、当事者間での協議は、相続人が複数いる場合など、全員の協議の場で請求の説明や承認を得ることは容易ではないと考えられ、家庭裁判所に協議に代わる処分を請求することになるであろう。

民法 904 条の 2 の寄与分の場合、遺産分割の審判事件及び寄与分を定める処分の審判事件が係属するときは、これらの手続及び審判は、併合して行われなければならない（家事事件手続法 192）が、特別寄与に関する審判については、寄与分のような併合審理の条文はないため、併合の当否については家庭裁判所の裁量に委ねられることが相当であると考えられている[10]。

6　相続人が複数いる場合の特別寄与料の請求（民1050①、⑤）

特別寄与者は、相続人のうち１人、又は数人に対して特別寄与料の支払を請求することができることにしている。全員に支払請求をしなければならないことにすると行方不明者がいる場合に権利を行使する事が困難になることや特別寄与者の配偶者が相続人である場合等、請求する必要がない相続人を相手方にする必要が生じることを考慮したためである[11]。相続人１人に請求できる金額は、特別寄与料の額に当該相続人の法定相続分又は

9　被相続人が特別寄与者に生活費を負担していた場合直ちに無償性が否定されるとは限らない。堂薗幹一郎・野口宣大『一問一答新しい相続法』（商事法務、2019年）183頁。

10　前掲（９）193頁。

11　前掲（９）189頁。

指定相続分を乗じた額[12]になるため、特別寄与料全額の支払を受けるためには、相続人全員を相手方として特別寄与料の支払を請求しなければならない。

7　特別寄与料の請求期限（民1050②ただし書、1050⑤）

特別寄与料の請求は、相続の開始及び相続人を知った時から６か月、又は相続開始後１年を経過したときは、家庭裁判所に対する協議に代わる処分の請求は認められない除斥期間が設けられている。特別寄与者は、被相続人と身近な存在として貢献している者であるから、相続開始日を知ることはさほど困難なことではない。特別寄与の権利行使をするかどうかを相続人が早期に見極められることによって、遺産分割協議の成立が実現しやすくなるともいえる。

8　特別寄与料の計算（民1050③）

特別寄与料の算定方法について、民法904条の２の２項と民法1050条３項を比較すると、「家庭裁判所は、寄与の時期、方法及び程度、相続財産の額その他一切の事情を考慮して、特別寄与料の額を定める」と条文内容が同様である。このことから、特別寄与料の算定については、民法904条の２の寄与分の算定方法を参考にすることになると考えられる。

民法1050条１項の条文では、「療養看護その他の役務の提供したことにより被相続人の財産の維持又は増加したこと」と定義しており、療養看護その他の役務の提供と被相続財産の維持又は増加したことの２つが成立要件となる。

一方、民法904条の２の１項の寄与分は、寄与の行為として、被相続人の「事業に関する労務の提供」、「財産上の給付」、被相続人の「療養看護」の３つを列挙しており、過去の審判等から、寄与分の類型として、（ⅰ）養護看護型、（ⅱ）家業従事型、（ⅲ）出資型、（ⅳ）財産管理型、（ⅴ）扶養型の５つに区分し、寄与分の評価方法にも類型毎に傾向がみられる[13]。

12　相続分の指定がされていないときは法定相続分により、指定されているときは指定相続分による。前掲（９）190頁。

13　第一東京弁護士会　司法研究委員会『判例にみる特別受益・寄与分の実務』（ぎょうせい、2014年）56頁。

特別寄与料の算定においては、民法904条の2の寄与分の5つの類型のうち、民法1050条の要件となる「役務の提供」という行為に限定すると、（ⅰ）養護看護型、（ⅱ）家業従事型の2つの類型が該当する。下記の表で、行為、要件、算定方法を記載する。

類　型	行　為	成立要件	算定例
養護看護型	被相続人の療養看護に従事	・無償であること ・被相続人が要看護状態にあること ・継続的に従事したこと ・看護に専念していたこと ・相続財産を維持又は増加させたこと	計算式； 第三者の日当額×療養看護日数×裁量割合 【被相続人を1年間身体介護していたケース】 介護報酬基準額[14]目安 ・要介護2で8時間未満7,610円で計算 寄与額＝7,610円×365日×0.5＊＝1,388,825円 ＊裁量割合は0.5～0.9程度[15・16]
家業従事型	被相続人の家業に従事	・無償であること ・家業への従事で専従していること[17] ・継続的に従事したこと[18] ・相続財産を維持又は増加させたこと	計算式； 家業に従事し通常得られた給与額×（1－生活費控除割合*）×寄与した期間×裁量割合 ＊家業従事の場合、労働に対する報酬が住居や生活費等を家業収入の中から支出していることが多いため控除する。5割とする場合もある[19]。

（1）養護看護型

特別寄与者は、被相続人に対し、通常の生活の援助をしたことでは認められないことは前述したとおりであるが、介護保険が導入された後は、被

14　厚生労働省令和元年度介護報酬改定についてhttps://www.mhlw.go.jp/file/06-Seisakujouhou-12300000-Roukenkyoku/ltcstructure.pdf。4頁。

15　裁量割合は、0.5から0.7までの範囲内で定めることが多いと言われている。前掲（9）186頁。10年間の療養看護につき、家政婦紹介所扱いの協定料金を基準に1971万円を算出し、職業付添婦ではないことから40パーセントを減額（裁量割合0.6）して、1182万円を寄与分として認めた。盛岡家審昭和61年4月11日家裁月報38巻12号71頁。前掲（9）185頁。

16　裁量割合は実務的には0.7が多い。森公任・森元みのり『弁護士のための遺産相続実務のポイント』（日本加除出版、2019年）190頁。

17　専任である必要はないが週末だけ家業を手伝う程度では足りない。前掲（16）193頁。

18　明確な基準はないが、少なくとも3年以上が必要。前掲（16）193頁。

19　前掲（16）195頁。

相続人の介護状況が「要介護度２」以上の状態にあることが目安とされている[20]。通常家政婦や介護サービスが必要な状況において特別寄与者がそれらのサービスを利用せず、無償で介護に尽したような行為が特別な貢献として評価される[21]。

（２）家業従事型

家業従事型の多くの裁判例が、被相続人の家業が農業である場合である[22]。経験的に推量すれば、まず、工業化、商業化された都市中心部においては、この形態の寄与が主張されることはほとんどなく、農業などの一次産業が生きている郡部あるいは中小都市郊外部で、まだ、昔日の大家形態の名残を留めている世帯が存在する地域である[23]といわれている。それらの状況においては、単独での家業従事型の類型による請求ではなく、家業従事型と養護看護型との組み合わせで請求されることが考えられる。

例えば、特別寄与者が無償で被相続人とともに家業（主に農業を想定）に従事していたが、被相続人が要介護状態（要介護２以上）になり、家業（主に農業を想定）を従事しながら被相続人を看護するという場合である。

（３）被相続人の財産の維持又は増加

財産の維持又は増加とは、放置しておけば耕作放置農地になってしまうところ、特別寄与者の無償の労務の提供（農地を耕し作物を収穫する労務）により、財産を維持又は増加させること。あるいは、特別寄与者の養護看護により、介護費用の出費がなく、被相続人の財産の減少を防ぐことを意味している。したがって、精神的な援助や協力等は、財産の維持増加の形

20　大阪高決平成19年12月６日家裁月報60巻９号89頁。遠藤みち『両性の平等をめぐる家族法・税・社会保障』（日本評論社、2016年）38頁。

21　扶養義務を超えた認知症の看護につき、日額8,000円×365日×３年＝8,760,000円を認めた。大阪家審平成19年２月８日家裁月報60巻09号110頁。

22　民法904条の２の寄与分における審判では、相続人とその配偶者が家業に従事し、資産の維持又は増加させたことによる寄与が認められ、寄与分の額は、全財産の何％とにするという全財産に対する割合で寄与分を算定した事例がある。農業に従事した事案で730万円を寄与分として認められた。東京高決平成元年12月28日家裁月報42巻8号45頁、前掲(13)178頁。

23　坂梨喬『特別受益・寄与分の理論と運用』（新日本法規出版、2011年）284頁。

にならない行為であるので、特別寄与に該当しない。

9　特別寄与料と遺贈との関係（民1050④）

特別寄与料の額は、相続人が相続開始のときにおいて有した財産の価額から遺贈（特定遺贈を意味し、包括遺贈や特定財産承継遺言を除く）の価額を控除した残額を超えることができない。単に遺産分割財産を対象としているのではなく、生前に行われた贈与が特別受益として認められる場合、その特別受益は、相続財産に含める。相続人が特別受益として多額の生前贈与をうけている場合、相続時の遺産分割により取得する相続財産がない状況でも特別寄与料を請求されることがある。

特別寄与料と遺留分との関係については、特に規定は設けられていない。特別寄与料は、民法1050条3項において、家庭裁判所は「一切の事情」が考慮して行うため、遺留分も考慮したうえで算定される[24]。

Ⅲ　相続税法上の対応

1　みなし遺贈（相法4②[25]）

改正民法が相続手続と分離して、相続人に金銭請求する規定（民1050①）であるのに対して、特別寄与料は遺贈により特別寄与者が取得したものとされ、相続税が課される。

したがって、当該事由が生じてから10か月以内に相続税の申告をしなければならない（相法29[26]）が、特別寄与者が相続人である夫を亡くし

24　遺留分に割り込む可能性もある。規定を設けなかった理由として①特別寄与料は公平の見地から法律上認められ、被相続人の財産処分によるものではないため、遺留分に制限される必要はないこと、②遺留分侵害を侵害できない規律を設けると、紛争が複雑化、長期化する恐れがあること等考慮したためである。堂薗幹一郎・野口宣大『一問一答新しい相続法』（商事法務、2019年）185頁。

25　相続税法4条2項　特別寄与者が支払を受けるべき特別寄与料の額が確定した場合においては、当該特別寄与者が、当該特別寄与料の額に相当する金額を当該特別寄与者による特別の寄与を受けた被相続人から遺贈により取得したものとみなす。

26　相続税法29条
第四条第一項又は第二項に規定する事由が生じたため新たに第二十七条第一項に規定する申告書を提出すべき要件に該当することとなつた者は、同項の規定にかかわらず、当該事由が生じたことを知つた日の翌日から十月以内（その者が国税通則法第百十七条第二項（納税管理人）の規定による納税管理人の届出をしないで当該期間内にこの法律の施行地に住所及び居所を有しないこととなるときは、当該住所及び居所を有しないこととなる日まで）に課税価格、相続税額その他財務省令で定める事項を記載した申告書を納税地の所轄税務署長に提出しなければならない。

た配偶者であった場合など、被相続人の相続内容を円滑に把握できるのか心配である（所得税や贈与税なら単独で申告できるが）。

特別寄与者は第三者の受遺者と同様に、その申告時に３年内の贈与加算を忘れないことだが、この贈与が療養看護等の特別寄与の対価とみなされると、特別寄与の請求そのものができなくなるので、現実には想定しがたい。

また、特別寄与者が被相続人から遺贈（特別寄与の対価とみなされない遺贈）を受け相続税の申告を行っていた場合、その後に特別寄与料の請求が確定した時は、特別寄与者は特別寄与料の支払額が確定したことを知った日の翌日から10か月以内に修正申告をする（相法31②[27]）。

特別寄与料は相続人以外の親族から相続人に対して請求するものであり、被相続人から相続又は遺贈により取得した財産ではないが、被相続人の死亡と密接な関係を有し、経済的には遺産の取得に近い性質を有する。そのため、一連の相続の中で課税関係を処理することが適当であると考えられ、また、被相続人が相続人以外の者に対して財産を遺贈した場合との課税のバランス（被相続人が財産を自由に処分する権利と、被相続人が支払うつもりもなかった特別寄与者の無償の療養看護や労務の提供を、相続を契機に、その不当性を訴え金銭請求する権利とのバランスであろうか）をとる必要もあるため、特別寄与料に対しては、（所得税や贈与税ではなく）相続税を課税することとしたと財務省は説明している[28,29]。

27　相続税法31条

　第二十七条若しくは第二十九条の規定による申告書又はこれらの申告書に係る期限後申告書を提出した者（相続税について決定を受けた者を含む。）は、次条第一項第一号から第六号までに規定する事由が生じたため既に確定した相続税額に不足を生じた場合には、修正申告書を提出することができる。

　２　前項に規定する者は、第四条第一項又は第二項に規定する事由が生じたため既に確定した相続税額に不足を生じた場合には、当該事由が生じたことを知つた日の翌日から十月以内（その者が国税通則法第百十七条第二項（納税管理人）の規定による納税管理人の届出をしないで当該期間内にこの法律の施行地に住所及び居所を有しないこととなるときは、当該住所及び居所を有しないこととなる日まで）に修正申告書を納税地の所轄税務署長に提出しなければならない。

28　財務省（令和元年度相続税法の改正505頁）
https://www.mof.go.jp/tax_policy/tax_reform/outline/fy2019/explanation/index.html

2　相続人の債務控除（相法13④[30]）

相続人が特別寄与料を支払う場合、相続財産から特別寄与料の額を債務として控除する。特別寄与料を所得税や贈与税の対象にしなかったのは、むしろ、特別寄与料を負担した相続人に配慮してのことではないかと思える。

相続人は、申告後に特別寄与料として請求された場合は、相続税の更正の請求の特則（４か月以内）の対象となる（相法 32 ①七）。

また、相続財産に未分割の財産がある場合、特別寄与料は、遺産分割手続きに参加すると相続をめぐる紛争が複雑化したり長期化するおそれがあること、また、遺産分割された後に特別寄与料の請求がされた場合、遺産分割が無効になるおそれがあり、相続人や新たに取引関係に入った第三者に不測の不利益を生じさせることにもなりうるため、特別寄与者は分割協議の当事者とはせずに遺産分割の手続外で相続人に金銭の請求をすることにしている[31]。相続税法 55 条の未分割遺産に対する課税の計算は、民法 904 条の２の寄与分は、相続人自身の寄与分を除いて計算するが、特別寄与料は、相続人への金銭請求権としているため、相続人の未分割財産から控除しないで計算する。遺産分割が確定後、各相続人が取得した遺産から特別寄与料請求額を控除して課税価格を計算する（次の相続税の計算を参照）。

29　特別寄与料は、役務の提供をしたという点に着目し、介護サービス料と同様に被相続人の未払額として、所得税の一時所得とすべきという説がある[29]。所得税法34条で規定する一時所得は、「利子所得、配当所得、不動産所得、事業所得、給与所得、退職所得、山林所得及び譲渡所得以外の所得のうち、営利を目的とする継続的行為から生じた所得以外の一時の所得で労務その他の役務又は資産の譲渡の対価としての性質を有しないもの」とある。特別寄与料は役務の提供として捉え、金額を算定することから、所得税法34条の一時所得に当てはまらず、一時所得に該当しないとなると雑所得となるのであろうか。特別寄与請求者を相続税の申告手続に含めず、特別寄与請求者に対して、申告手続を簡略化し効率的にする（所得税の申告手続する）ことにより、特別寄与者は請求しやすくなるのではなかろうか。

30　相続税法13条４項
特別寄与者が支払を受けるべき特別寄与料の額が当該特別寄与者に係る課税価格に算入される場合においては、当該特別寄与料を支払うべき相続人が相続又は遺贈により取得した財産については、当該相続人に係る課税価格に算入すべき価額は、当該財産の価額から当該特別寄与料の額のうちその者の負担に属する部分の金額を控除した金額による。

31　前掲（１）82頁、前掲（９）179頁。

3　特別寄与者の相続税の2割加算（相法18①[32]）

特別寄与者の相続税の計算においては、特別寄与者は、相続人以外の親族であり、一親等の血族や配偶者以外の者に該当するため、相続税の額に2割加算されるので注意が必要である。この点も、特別寄与者より特別寄与料を支払う相続人側を配慮した税制かと思えてくる。折角、民法で創設された特別寄与の制度であるが、税制の仕組みが特別寄与の請求を躊躇させることにならないか心配である。

特別寄与料の請求額を適時に受領できればよいが、受領できていない場合、相続税を立替えて納税をすることになる[33]。

4　相続税の計算方法

相続人の財産の価格は、民法904条の2の寄与分と同様に、相続人の相続財産から特別寄与料の額のうち相続人の負担する部分の金額を控除した金額となる[34]。

次頁の表は、相続財産が1億2千万円と3億円として、相続人と特別寄与者の相続税を計算したものである[35]。特別寄与料にかかる相続税は、相続財産の価額により税率が異なるため、税額負担が変わることに留意する。

32　相続税法第18条
相続又は遺贈により財産を取得した者が当該相続又は遺贈に係る被相続人の一親等の血族（当該被相続人の直系卑属が相続開始以前に死亡し、又は相続権を失ったため、代襲して相続人となった当該被相続人の直系卑属を含む。）及び配偶者以外の者である場合においては、その者に係る相続税額は、前条の規定にかかわらず、同条の規定により算出した金額にその百分の二十に相当する金額を加算した金額とする。

33　申立てにより、保全するための仮差押えなど裁判所は仮払処分等の保全処分を命ずることができる（家事事件手続法216の5）前掲（9）195頁。

34　相続人の財産価格｛(相続開始のときの相続財産）―（寄与の価格)｝×（指定又は法定相続分）＋（寄与の価格）。宮原弘之『民法と相続税の接点　平成30年度版』（大蔵財務協会、2018年）67頁。

35　相続税の計算においては、税額控除などは一切考慮していない。控除がある場合、税額割合に影響がある。

相続財産	相続財産　１億２万円 法定相続人３名Ａ、Ｂ、Ｃ（法定相続割合 1/3 で各 4,000 万円） 特別寄与者Ｘ 特別寄与料 300 万円、全員へ請求	相続財産　３億円 法定相続人３名Ａ、Ｂ、Ｃ（法定相続 1/3 で各１億円） 特別寄与者Ｘ 特別寄与料 300 万円、全員へ請求
課税価格	Ａ、Ｂ、Ｃ；4,000 万円－ 300 万円× 1/3 ＝ 3,900 万円	Ａ、Ｂ、Ｃ；10,000 万円－ 300 万円× 1/3 ＝ 9,900 万円
	Ｘ；300 万円	Ｘ；300 万円
課税価格合計額	12,000 万円	30,000 万円
課税遺産総額	12,000 万円－（3,000 万円＋ 600 万円×３人）＝ 7,200 万円	30,000 万円－（3,000 万円＋ 600 万円×３人）＝ 25,200 万円
Ａ、Ｂ、Ｃの取得金額	7,200 万円× 1/3 ＝ 2,400 万円	25,200 万円× 1/3 ＝ 8,400 万円
Ａ、Ｂ、Ｃの算出税額	2,400 万円× 15％－ 50 万円＝ 310 万円	8,400 万円× 30％－ 700 万円＝ 1,820 万円
相続税の額	310 万円×３＝ 930 万円	1,820 万円×３＝ 5,460 万円
Ａ、Ｂ、Ｃの相続税額	930 万円× 3,900 万円÷ 12,000 万円＝ 302.25 万円	5,460 万円× 9,900 万円÷ 30,000 万円＝ 1801.8 万円
Ｘの相続税額（２割加算）	930万円－302.25万円×３）× 1.2 ＝ 27.9 万円	5,460 万円× 300 万円÷ 30,000 万円× 1.2 ＝ 65.52 万円
Ｘの相続税税率	9.3％	21.84％

相続財産が１億２千万円で特別寄与料を相続人全員ではなく、２名の相続人に請求することにすると、相続税は、200 万円× 9.3％＝ 18.6 万円となる。

また、相続財産を 12 億円、特別寄与料 300 万円として、Ｘの相続税を算出すると 135 万円となり、45％との税率となる。相続財産が高額であると特別寄与料の手取額に差が生じる。

5　特別寄与料の所在

特別寄与者が制限納税義務者[36]に該当する場合、確定した特別寄与料

36　相続税法１条の３第１項３号又は４号に掲げる個人。
相続税法１条の３　次の各号のいずれかに掲げる者は、この法律により、相続税を納める義務がある。
三　相続又は遺贈によりこの法律の施行地にある財産を取得した個人で当該財産を取得した時においてこの法律の施行地に住所を有するもの（第一号に掲げる者を除く。）
四　相続又は遺贈によりこの法律の施行地にある財産を取得した個人で当該財産を取得した時においてこの法律の施行地に住所を有しないもの（第二号に掲げる者を除く。）

が国外財産に該当するときは、相続税は国内にある相続財産のみ課されるため、当該特別寄与料を支払うべき相続人のその特別寄与料の額については、相続税法 13 条４項の債務控除の適用はないこととなる。特別寄与料の所在は、相続税の課税対象の判定や特別寄与料を支払うべき相続人の債務控除の適用の有無に影響がある。特別寄与料は相続税法 10 条１項各号に掲げる財産及び同条第２項に規定する財産のいずれにも該当しないことから、相続税法 10 条３項[37]の規定によりその所在が判定されることを留意的に明らかにした。

特別寄与料の額が確定した場合には、特別寄与者は特別寄与料の額に相当する金額を被相続人から遺贈により取得したものとみなされるため、その被相続人は相続税法 10 条３項の「財産の権利者であった被相続人」に該当する。その特別寄与料の所在は、当該被相続人の住所の所在により判定する。

Ⅳ ケーススタディ 特別寄与料

Case1 特別寄与料の請求者

① 被相続人Ａが亡くなるまで、長男Ｂと嫁Ｅは同居しＡの世話（無償の療養看護）をしていました。ＢとＥは、相続人である長女Ｃや次男Ｄへ、特別の寄与の請求をできるでしょうか。

② 被相続人Ａは要介護３状態で、一人では生活できず、隣に住んでいる幼馴染Ｆさんが身の回りの世話や無償の療養看護をしていました。Ｆさんは特別の寄与の請求はできますか。

③ 被相続人Ａは内縁の妻Gがおり、要介護２状態であるＡの世話（無償の療養看護）をし、最期を看取りました。Ｇは特別の寄与の請求をできるでしょうか。

---

37 相続税法10条 次の各号に掲げる財産の所在については、当該各号に規定する場所による。
三 第一項各号に掲げる財産及び前項に規定する財産以外の財産の所在については、当該財産の権利者であつた被相続人又は贈与をした者の住所の所在による。

Answer

① Bは相続人のため、特別寄与者にはなれませんが、寄与分制度（民904の2）に当たる行為をB本人やEがしていた場合、CやDの他の相続人対し、遺産分割協議をし、寄与分としてBの相続分に加算することは可能です。Eは三親等内の姻族の範囲うち、二親等の姻族であるため、特別寄与者として請求できます。

② Fは Aの親族に当たらないため、特別寄与者の対象となりません。なお、他に相続人がいない場合（相続人不存在）、特別縁故者の制度（民958の3）を利用し、特別縁故者として、寄与分を裁判所に審判してもらう制度があります。

③ Gは、親族に該当しないため特別寄与者の対象となりません。

✍Study

被相続人の親族に該当しない場合は、特別寄与料を請求できない。被相続人に対し、生前から贈与をしてもらうか、遺言で財産をもらえるように、事前に相談することが大事である。

また、被相続人の同居親族であっても、生前に、療養介護する被相続人に金銭の要求をするのは難しい。その場合は、相続開始後に相続人に特別寄与料を請求する道を選択することになろう。

なお、特別寄与料は、相続財産とみなされるため、相続税の対象になり、相続人とともに相続税を支払うことになる。特別寄与者の相続税の計算については、Case5を参考にしてもらいたい。

Case2 特別の寄与として認められる役務の提供

被相続人Aと同居している長男Bの嫁Eが、Aに対して行った行為は特別の寄与として認められますか。

① Aの生活に必要な身の回りの世話（食事準備や掃除洗濯）を行っていました。

② Aは要介護2に該当したため、Eはパートタイマーをやめて、Aの歩行の補助やトイレなどの付き添いを昼間は一人で介護していました。

③　Ａが所有する田畑についての農作業を、Ｅが嫁いでからＡが亡くなるまで20年間、無償で手伝っていました。

④　Ａが所有する２階建６室のアパート１棟について、Ａが要介護１の状態になってから、無償でアパートの掃除、賃借人の更新業務や家賃の管理を行っていました。

Answer

①　直系血族及び同居の親族には相互義務（民 730）の規定があるため、家事や健康体である生活に必要な通常行われるサポートについては特別の寄与として認められません。

②　Ａが要介護２の認定を受けており、一般的にはデイサービスなどの外部サービスを利用する状況にもあるにもかかわらず、ＥはＡに対し看護に専念していたので特別の寄与として認められる可能性があります。

③　農業などの家業従事型の場合、無償で働いていても、生活費や住居費を被相続人が負担していることがあるため、どの程度負担してもらっていたかにより無償であるかを確認する必要はありますが、特別の寄与として認められる可能性があります。継続性については、明確な基準はないですが、少なくとも３年以上が必要といわれています[38]。

④　アパート経営・管理などの財産管理型については、４つの要件（無償性、継続性、特別な貢献であること、財産の維持または増加）を満たしている場合、特別の寄与として認められます。財産管理型は、療養看護型の専従性の要件の代わりに特別な貢献であることが必要です。２階建６室のアパート１棟の管理業務は、更新業務、入金管理、清掃業務等があるが、年間を通して大した業務量にはならず、特別な貢献とは認められないと考えられます。被相続人Ａが数棟（50 戸）のマンション経営を事業としており、その業務を代わりに無償で行った場合については、特別な寄与として認められる可能性はあります[39]。

38　前掲（16）193頁。
39　前掲（16）209頁。

✍Study

特別の寄与として認められる行為は、特別な貢献であることが大前提にあり、安易にできるような行為は認められない。

しかし、療養看護型の５つの要件に厳密には合致していない場合でも、以下のように、それぞれ検討する余地はある。

（１）無償性：生前に小遣い程度の少額の金銭を受領していたとしても、通常介護サービスを利用した場合と比較して著しく少額である場合には、無償性の要件を満たすと考えられている。

（２）被相続人が要看護状態にあること：要看護状態とは、被相続人が要介護２以上の状態であることが目安とされている。なお、認知症の看護は、要介護１以下であっても徘徊行為の見守りが必要な場合などの状況によっては特別の寄与の行為として認められる場合がある[40]。

（３）看護に専念していたこと：通常家政婦や介護サービスが必要な状況において、それらのサービスを利用せず、看護に専念するような行為をいう。なお、週２、３回のパートタイマーをしながらの看護については、パートタイマーは社員より責任は少なく、何かあった場合に看護に専念することも可能であるため、専念していたともいえる[41]。

（４）継続的に従事したこと：療養看護を行った期間は、状況にもよるが、継続的に１年以上の期間が求められ、１か月程度では認められない。

（５）被相続人の相続財産を維持、又は増加させたこと：介護費用などを出費せずに被相続人の財産を維持することである。例え、週２回デイサービスを利用していたとしても、その日以外は毎日介護に尽くした場合、財産を減少させるのを防いだという点では認められるといえる。

Case3 特別寄与料の請求

被相続人Ａと同居している長男Ｂの嫁ＥのＡに対する特別寄与料はいく

40 前掲（16）190頁～195頁。
41 前掲（16）185頁。

ら請求できるのでしょうか。

① 被相続人Aは、2019年1月に要介護2と診断され、長男Bの嫁Eは、在宅で介護サービスを受けず看護を行いました。その半年後（2019年7月）に要介護3と診断され、1年後（2020年1月）に入院し、2020年3月に病院で亡くなりました。

② 被相続人Aは、2016年から認知症を患い、2017年1月以降徘徊行為の頻度が多くなり見守り看護が必要になりました。長男Bの嫁Eはパートタイマーをやめ、自宅で看護していました。2019年1月から要介護2の認定を受け、2020年1月にAは肺炎で入院し亡くなりました。

③ 被相続人Aは、農家として生活をしてきましたが、2018年12月に脳梗塞を発症し、農作業に従事することができなくなりました。その1年後（2019年12月）に亡くなりました。Aの農業を長男Bの嫁Eは、10年間無償で手伝っていました。

Answer

① 2,094,456円

② 4,298,605円

③ 9,366,000円

Study

① 療養看護型の特別寄与料は、第三者の日当額×療養看護日数×裁量割合（0.3～0.9の幅がある）で算出する。介護サービスを受けていた時間や、病院や施設に入所している期間は療養看護日数には含めない。

第三者の日当額（通所介護費（デイサービス）の報酬基準額（7時間以上8時間未満[42]））を参考に計算する。

【要介護1：6,450円、要介護2：7,610円、要介護3：8,830円、要介護4：10,030円、要介護5：11,240円】

42 厚生労働省令和元年度介護報酬改定についてhttps://www.mhlw.go.jp/file/06-Seisakujouhou-12300000-Roukenkyoku/ltcstructure.pdf。4頁。

要介護２の期間の特別寄与料＝7,610円×182日（半年）×0.7*＝969,514円・・（a）

要介護３の期間の特別寄与料＝8,830円×182日（半年）×0.7*＝1,124,942円・（b）

特別寄与料請求額＝（a）＋（b）＝2,094,456円

＊裁量割合を実務的に多い0．7とした。

② 重度の認知症になると一日中看護が必要となり、精神的な負担が大きくなる場合がある。そのため、要介護の認定基準が要件を満たしていない状況でも、認められる場合がある[43]。

特別な寄与の期間は、Ｅがパートタイマーをやめて看護に専念した時から、病院に入院するまでの期間となる。

2017年１月～2018年12月までの期間の特別寄与料＝6,450円*1×730日×0.5*2＝2,354,250円（a）

2019年１月～201９年12月までの期間の特別寄与料＝7,610円×365日×0.7*2＝1,944,355円（b）

特別寄与料請求額＝（a）＋（b）＝4,298,605円

＊1 要介護１の報酬基準額を参考。

＊2 裁量割合は要介護状態として認定されていない状態のため0.5とし、要介護２の状態の時は、実務的に多い0．7とした。

③ 家業従事型の特別寄与料は、家業に従事し通常得られた給与額×（１－生活費控除割合）×寄与した期間×裁量割合で算定する。

特別寄与料請求額＝223,000円[44]（１－0．５*）×12か月×10年×0.7＝9,366,000円

*生活費控除割合を0．５とした。また、通常得られた給与額は、家業の収支に応じて、給与額を調整する必要がある。損益計算書などを参考に算出する。

---

43 前掲（16）178頁。

44 平成30年賃金構造基本統計調査の概況－厚生労働省7頁。女性40～45歳のサービス業の平均賃金は223.5万円。
https://www.mhlw.go.jp/toukei/itiran/roudou/chingin/kouzou/z2018/dl/13.pdf

（租税回避リスク）

贈与税と相続税の税負担率を比較し、相続税の税率が低い場合、相続人以外の被相続人の親族に過大な特別寄与料を請求させ、贈与を特別寄与料としてすり替える事例も今後発生することも考えられる。

Case4　特別寄与料の請求先

長男Ｂの嫁Ｅは、家庭裁判所から被相続人Ａにかかる特別寄与料として1,200,000円の請求が認められました。特別寄与料は相続人全員に請求すればよいのでしょうか。相続人は、長男Ｂ、長女Ｃ、次男Ｄの息子Ｆ（代襲相続人）がいます。

Answer

特別寄与料として認められた総額を、相続財産の法定割合で按分した金額（相続財産を指定割合で分割する場合は、指定割合で行います）を、相続人全員に請求できます。相続財産を法定割合で分割する場合、相続人は３名いるので、特別寄与料 1,200,000 円を法定割合３分の１ずつに按分すると 400,000 円となります。その金額を各相続人にそれぞれに請求します。なお、長男Ｂは生活を一にする家族のため、長男Ｂに対して請求せずに、長女Ｃと次男Ｄの息子Ｆに請求することもできます。

Study

特別寄与者の相続税は２割加算するため、特別寄与者の配偶者が相続人である場合、請求すると家族全体の支払額が特別寄与者の２割加算の金額だけ多くなる。そのため、夫Ｂに請求しないことが考えられる。

Case5　特別寄与料にかかる相続税

被相続人Ａの相続財産が１億２千万円、相続人長男Ｂ、長女Ｃ、次男Ｄの息子Ｆ（代襲相続人）は、法定相続割合（1／３）で相続した場合、Case4での長男Ｂの嫁Ｅは、長男Ｂ以外の相続人ＣとＦに特別寄与料の請求をすると相続税はいくら納税するのでしょうか。

Answer

Bの相続税＝ 310 万円

CとFの相続税＝ 306.9 万円

Eの相続税＝ 7.44 万円

✍Study

相続税の計算内容は以下の通りとなる。

相続人の課税価格

B　　＝12,000万円×１／３＝4,000万円

C　　＝12,000万円×１／３―特別寄与料　40万円＝3,960万円

F　　＝12,000万円×１／３―特別寄与料　40万円＝3,960万円

E　　＝80万円

課税価格合計額

12,000万円（4,000万円＋3,960万円＋3,960万円＋80万円）

課税遺産総額

12,000万円－（3,000万円＋600万円×３人）＝7,200万円

Ｂ、Ｃ、Ｆの取得金額

7,200万円×1/3＝2,400万円

Ｂ、Ｃ、Ｆの算出税額

2,400万円×15%－50万円＝310万円

相続税の額

310万円×３＝930万円

Ｂの相続税額

930万円×4,000万円÷12,000万円＝310万円

Ｃ、Ｆの相続税額

930万円×3,960万円÷12,000万円＝306.9万円

Ｅの相続税額（２割加算）

930万円×80万円÷12,000万円×1.2＝7.44万円

特別寄与料80万円に対し、相続税額は7.44万円となる。長男Ｂにも請求した場合、特別寄与料は120万円、相続税は930万円×120万円÷

12,000万円×1.2＝11.16万円となる。

Case6 未分割の相続財産がある場合の申告

以下のような未分割の相続財産がある場合の申告はどのようにすればよいでしょうか。

被相続人Ａの相続財産３億円について、相続人長男Ｂ、長女Ｃ、次男Ｄの息子Ｆ（代襲相続人）は、相続する財産について話がまとまらず、相続財産の一部が未分割のまま、相続の申告期限が来てしまいそうです。Ｂの嫁Ｅの特別寄与料請求額は120万円が確定しており、Ｅは、特別寄与料をＣとＦへ40万円ずつ請求しています。どのように申告すればよいのでしょうか。

Answer

相続財産が未分割の場合は、相続人Ｂ、Ｃ、Ｆは、法定相続割合で財産を分割して取得したこととして、申告期限内に申告をします。特別寄与料の請求額は確定しているため、Ｃ、Ｆは、法定相続割合で分割した相続財産１億円から特別寄与料 40 万円を控除した金額 9,960 万円が課税価格となります。Ｅは特別寄与料 80 万円について相続税の申告を行います。

Study

相続財産が未分割の場合は、法定相続割合で分割したこととして相続税の申告をする。そのため、特別寄与料を請求された相続人は、相続財産から特別寄与料を債務として控除する。

後日、未分割財産が確定し、相続人の税額負担が変わる場合は、相続人は修正申告、または更正の請求を行うことができる。相続税の計算構造上、相続財産の総額が変わらない限り、全体の税額は変わらない。未分割財産の持ち分が確定し、一人の相続人の相続財産の持ち分が増加したときは、他の相続人の相続財産の持ち分は減少するため、持ち分が増加した相続人は修正申告、持ち分が減少した相続人は更正の請求を行う必要がある。そのため、確定した未分割財産の増減に基づき、相続人間で相続税の精算をすることになる。
未分割財産が確定しても、特別寄与者の特別寄与料額は変わらないため、特別寄与者の相続税に変動は生じない。
なお、申告後に新たな相続財産が発覚した場合、全体の相続財産が増加するので全体の相続税額を再計算するため、特別寄与者の相続税も全体の相続税額が増加した場合、特別寄与者の相続税の負担額も増加するので修正申告を行うことになる。

Case7 申告期限後に特別寄与料の請求金額が確定した場合

特別寄与料の請求金額に争いがあり、申告期限後に特別寄与料の請求金額が確定した場合、特別寄与者の申告と相続人の更正の請求はいつまでに行うのでしょうか。
被相続人Ａには、配偶者Ｂとの間に、長男Ｃ、長女Ｄ、次男Ｅがおりましたが、ＣはＡより先に他界しております（Ｃに子はいない）。Ｃの嫁Ｆは、Ａに対する特別寄与料を相続人ＤとＥに請求しましたが、請求金額に争いがあり、確定したのが相続税申告期限１か月後でした。相続人Ｄ、Ｅは、申告期限までに申告を行っています。相続人ＤとＥ、及び特別寄与者Ｆはどのような申告手続を行えばよいのでしょうか。

Answer

特別寄与者Ｅは、特別寄与料の請求額が確定した時から 10 か月以内に期限後申告をする必要があります。また、特別寄与料を請求された相続人は、特別寄与料を債務として相続財産から控除できますので、相続人ＤとＥは、その請求が確定してから４か月以内に更正の請求を行うことができます。

Study

相続人の更正の請求期限は、請求が確定してから４か月以内であるため、相続人はすぐに更正の請求を行うことが必要である。特別寄与者も申告期限は10か月という期間があるが、相続人の更正の請求のタイミングに合わせ当初申告の情報を得ながら申告手続を進めていくと正しい税額計算ができることになる。相続人から相続税の申告内容を開示してもらうことが難しそうな場合、弁護士などの第三者を通じて、申告期限内に申告できるよう進めることの検討も必要である。

〔太田文子〕

〈コラム4〉

老人ホーム入居金の負担と相続開始前３年以内の贈与加算

①「被相続人が配偶者のために負担した介護付有料老人ホームの入居金945万円」（裁決平22.11.19）

本件被相続人にとって本件入居金を負担して本件老人ホームに本件配偶者を入居させたことは、自宅における介護を伴う生活費の負担に代えるものとして相当であると認められること及び本件老人ホームは本件配偶者の介護生活を行うための必要最小限度のものであったことが認められることからすれば、本件入居金相当額の金銭の贈与は、本件においては、介護を必要とする本件配偶者の生活費に充てるために通常必要と認められるものであると解するのが相当である。

したがって、本件入居金相当額の金銭は、相続税法21条の３第１項２号に規定する贈与税の非課税財産に当たるから、その贈与が本件相続の開始前３年以内に行われているとしても、同法19条（相続開始前３年以内に贈与があった場合の相続税額）の規定が適用されるものでもない。

②「配偶者は要介護状態になかった住宅型有料老人ホームの入居金の負担金」（裁決平23. 6.10）

請求人は著しく低い対価で本件老人ホームの施設利用権に相当する経済的利益を享受したものということができ、本件被相続人と請求人との間に実質的に利益の移転があったことは明らかであるから、相続税法９条（贈与又は遺贈により取得したものとみなす場合―その他の利益の享受）により、請求人は、その利益を受けた時における当該利益の価額に相当する金額を本件被相続人から贈与により取得したものとみなすのが相当である。

また、本件入居金は極めて高額（１億3,370万円）であり、請求人に係る居室面積も広く、本件老人ホームの施設の状況等をかんがみれば、本件老人ホームの施設利用権の取得のための金員は、社会通念上、日常生活に必要な住居費用であるとは認められないから、相続税法第21条の３第１項第２号の規定する「生活費」には該当せず、贈与税の非課税財産に該当しない。したがって、贈与により取得したものとみなされた金額は、相続開始前3年以内の贈与として本件相続税の課税価格に加算されることとなる。

①と②の裁決事例を参考に、なぜ、片や贈与税の非課税とされ、片や贈与税加算されたかを検討しておく必要がある。

老人ホームの入居一時金の返還金

③被相続人の入居契約書に記載された法定相続人以外の受取人は、みなし贈与財産（相法９）として贈与課税の対象とされた裁決（平25. 2.12）が、訴訟においては、「被相続人死亡の場合には、単に受領すべき被相続人が死亡している以上、被相続人が受領することができないため、事業者の返還事務の便宜のために予め入居契約においてこの場合の受取人が指定されているにすぎず、指定された受取人に当然に返還金全額を帰属させる趣旨ではない」と判示して、入居一時金の返還金について、被相続人に帰属する本来の相続財産であると判断した（東京高判平28. 1.13）。

④入居一時金を被相続人以外の者も負担した場合は、返還金見込額のうち、被相続人の負担割合分が相続財産になる（裁決平18.11.29）としている。

①と②は相続人が負担した場合で、③と④は、被相続人が負担した場合である。高齢化社会の現代の相続でよく遭遇するケースであるので、十分に理解しておく点である。

第4章

遺留分侵害額の請求と税務

Ⅰ　改正相続法と改正に至る経緯

1　はじめに

民法改正により、遺留分制度においては、大きく分けて３点の改正が行われた。このうち、①及び③は、実務上指摘されていた問題点を解消するための改正であり、②は解釈上、争いのあった論点につき明確化を図るための改正といえる。

①　遺留分減殺請求権の効力及び法的性質の見直し

②　遺留分及び遺留分侵害額の算定方法の見直し

③　遺留分侵害額の算定における債務の取扱いの見直し

本稿では、これらの改正内容について、その趣旨を踏まえながら、ケーススタディを用いつつ整理することとする。なお、遺留分侵害額請求にかかる相続税申告については、「第８章　遺留分の見直しと事業承継」を参照されたい。

2　遺留分減殺請求権の効力及び法的性質の見直し

（1）旧民法における規律

旧民法（以下「旧法」という）において「遺留分」とは、被相続人が生前贈与または遺言による処分を行っても奪われることのできない、一定の相続人に留保された相続財産の一定割合を意味していた（旧法1028条以下)。被相続人の生前贈与や遺贈によって遺留分を侵害された一定の相続人（以下「遺留分権利者」という）が、相続開始後、受遺者や受贈者から、その処分行為の効力の一部を奪う行為を「遺留分の減殺」といい、当該減殺を内容とする相続人の権利を「遺留分減殺請求権」という。

旧法において、遺留分権利者が行う減殺請求権は形成権、すなわち、相手方に対する一方的な意思表示によって行使することができる権利とされていた。そのため、この権利の行使は、受贈者又は受遺者へ意思表示することで足り、一旦、その意思表示がなされた場合には、法律上当然に減殺の効力が生じ、侵害された遺留分は、遺留分権利者に復帰すると解されていた[1]。また、遺留分権利者の減殺請求により、直ちに遺贈又は贈与が失効

1　最判昭41. 7.14民集20巻６号1183頁。

し、その目的財産の所有権又は共有持分権が遺留分権利者に帰属するという効果が生じるとされていた。これを「物権的な効力」という[2]。なお、侵害された遺留分の回復方法としては原則として、贈与又は遺贈の目的物を返還すべきものであるとされていた[3]が、旧法1041条1項により、受贈者及び受遺者は、減殺を受けるべき限度において、贈与又は遺贈の目的の価額を遺留分権利者に弁償して返還の義務を免れることができる旨、規定されていた。

なお、裁判例においては、遺留分権利者が受遺者又は受贈者に対して、目的財産の返還に代えて価額弁償を請求できるのは、あくまで受遺者又は受贈者が価額弁償の意思を表明した場合に限られる[4]とするのが大勢である。このため、減殺された遺贈又は贈与の目的財産は、原則として、受遺者又は受贈者及び遺留分権利者との共有状態になる。よって、目的財産の処分や共有関係の解消をめぐって新たな争いが生じるリスクがあり、相続に関する紛争を柔軟かつ一回的に解決することが困難な点などが問題視されていた。

（2）改正内容

そこで、改正民法（以下「新法」という）においては、遺留分減殺請求によって当然に物権的効果が生ずるとされている上記の規律を改め、遺留分権利者は受遺者又は受贈者に対して、遺留分侵害額に相当する金銭の支払を請求することができる制度が新たに設けられた（新法1046①）。これは、遺留分侵害額の請求権が旧法と同様に形成権であることを前提に、物権的効力から債権的効力へ改められ、請求権の行使により生ずる権利を金銭債権へ一本化したのである。これにより、「減殺」という用語は新法から削除され、「遺留分減殺請求権」の代わりに「遺留分侵害額請求権」という用語が新たに用いられている。

今回の改正は、従来、減殺請求された相続人の遺贈又は贈与の効果が遺

2　民法（相続関係）部会（以下、「部会」という）資料4・3頁。
3　最判昭51．8.30民集30巻7号768頁。
4　名古屋高判平6．1.27判タ860号251頁。

留分相当分だけ失効し、請求の目的財産が減殺請求を行った相続人と共有状態（一種の凍結状態）になることを避けると同時に、被相続人の財産に対する自由な処分権と相続人の利益との現実的な調和を図るために行われたといえる。

この遺留分の権利行使（形成権の行使）は、遺留分権利者が相続の開始及び遺留分を侵害する贈与又は遺贈を知った時から1年間行使しないときは時効により、相続開始の時から10年間を経過したときは除斥期間の満了により、それぞれ消滅する（法1048：今回の改正によって規律が変わらなかった民法の条項については、「法」と表示している（以下同様））。

一方で、遺留分権利者から金銭の請求を受けた受遺者又は受贈者が、すぐには金銭を準備することができない場合、不利益を被るリスクがあることから[5]、その場合の救済策が設けられた。すなわち、金銭請求を受けた受遺者又は受贈者の請求により、裁判所が、金銭債務の全部又は一部の支払につき、相当の期限を許与することができることとした（新法1047⑤）。ただし、期限の許与についての具体的な判断基準は、新法において明示されていない。これは、期限を許与するかどうかの判断につき様々な事例が想定され、一義的にその考慮要素を例示するのが困難であることから、期限の許与の判断を裁判所の裁量に委ねることとしたものである[6]。

なお、受遺者又は受贈者が複数存在している場合、遺留分侵害額の負担の順序及び割合については、旧1033条～旧1035条の規律が実質的に維持された状態で、新法1047条1項に規律されることとなった。すなわち、以下①～③のとおりである。

① 受遺者と受贈者とがあるときは、受遺者が先に負担する。
② 受遺者が複数あるとき、又は受贈者が複数ある場合においてその贈与が同時にされたものであるときは、受遺者又は受贈者がその目的の価額の割合に応じて負担する。ただし、遺言者がその遺言に別段の意思を表示したときは、その意思に従う。
③ 受贈者が複数あるとき（②の場合を除く）は、後の贈与に係る受贈者から順次前の贈与に係る受贈者が負担する。

5 部会資料26－2 8頁。
6 部会第26回会議議事録10頁〔神吉関係官〕。

３　遺留分及び遺留分侵害額の算定方法の見直し

（１）改正の概要

これまで、遺留分及び遺留分侵害額の算定方法は、旧法において明示されておらず、判例[7]により示されていた。今回の改正において、判例により示されていた算定式につき、解釈上争いがあった点を明確化した上で、以下の（A）遺留分、（B）遺留分を算定するための財産の価額及び（C）遺留分侵害額が、それぞれ以下のように明示された。

（A）遺留分（新法1042①②）
＝（B）遺留分を算定するための財産の価額×新1042条１項各号に掲げる遺留分の割合（旧1028条各号と同じ）×その相続人の法定相続分の割合

（B）遺留分を算定するための財産の価額（新法1043①）
＝相続時における被相続人の積極財産の額＋相続人に対する生前贈与（特別受益に限る。）の額（原則死亡前10年以内）＋第三者に対する生前贈与の額（原則死亡前１年以内）－被相続人の債務の額

（C）遺留分侵害額（新法1046②）
＝（A）遺留分－その遺留分権利者が受けた遺贈又は特別受益に該当する贈与[*]の価額（新法1046②一）－（D）遺産分割の対象財産がある場合（既に遺産分割が終了している場合も含む）における具体的相続分（ただし、寄与分による修正は考慮しない）に応じて遺留分権利者が取得すべき遺産の価額（新法1046②二）＋法899条の規定により遺留分権利者が承継する相続債務の額（新法1046②三）
＊特別受益に該当する贈与とは、被相続人から、婚姻若しくは養子縁組のため若しくは生計の資本として受けた贈与をいう（法903①）。

（２）「遺留分を算定するための財産の価額」に関する規律の改正

ア　相続人に対する生前贈与の範囲に関する規律の改正

（１）の計算式における「（B）遺留分を算定するための財産の価額」に関する規律のうち、相続人に対する生前贈与の範囲が今回、改正となった。

7　最判平８.11.26民集50巻10号2747頁及び最判平21．３.24民集63巻３号427頁。

従来、遺留分を算定するための財産の価額に算入される財産の範囲として、第三者に対する生前贈与については、取引の安全性が害されることを避けるため、相続開始1年前のもの、又は遺留分権利者に損害を加えることを知って行われたもののいずれかに限定されていた(旧法1030)。一方、相続人に対する生前贈与については、判例[8]及び実務は、旧法1044条において法903条が準用されていること等を根拠に、その時期を問わず、原則としてその全てが遺留分を算定するための財産の価額に算入されるとの立場を採用していた[9]。その結果、相続人に対する古い贈与が算入されることによって、遺留分算定の基礎となる財産の額が変動し、その存在を知り得ない第三者である受遺者・受贈者に対する減殺の範囲が変わり得ることから、第三者の法的安定性を害するという問題点が指摘されていた[10]。

そのため、今回の改正においては、第三者の法的安定性及び相続人間の公平の要請を踏まえ、相続人に対する贈与のうち、特別受益に該当するもので、相続開始前の10年間にされたものに限り、その価額を「(B)遺留分を算定するための財産の価額」に算入することとされた(新法1044①③)。算入対象の期間が10年とされたのは、平均寿命の伸長や節税対策の普及等が勘案された[11]こと、また、第三者である受遺者は又は受贈者は、相続人に対する古い贈与の存在を知ることができないこと(立証が不可能であること)が考慮されたからである。一方、相続人以外の者に対する贈与は、旧法と同様に、相続開始前の1年間にされたものに限り、(B)の価額に算入されることとなる(新法1044①)。

ただし、旧法1030条後段の規律は維持されたことから、当事者双方が、遺留分権利者に損害を与えることを知って贈与をした場合には、相続人に対する贈与のうち特別受益に該当するもの及び相続人以外に対する贈与のいずれについても、贈与の時期にかかわらず、全てが(B)の価額に算入されることとなる(新法1044①③)。ここで、遺留分権利者に損害を与えることを知って行われた贈与(=遺留分権利者への加害の認識がある贈

8　最判平10. 3.24民集52巻2号433頁。

9　堂薗幹一郎・野口宣大『一問一答　新しい相続法』(商事法務、2019年)135頁。

10　部会第16回会議議事録27頁〔神吉関係官〕。

11　部会資料16・14頁。

与）とは、遺留分権利者の遺留分を侵害すること及びその後将来にわたって被相続人の財産が増加する可能性が少ないことを認識してなされたものをいうと解されている[12]（Case 4参照）。

（B）の価額に算入される財産の範囲について、旧法と新法における規律を比較すると、次表のようになる（東京弁護士会『ケースでわかる改正相続法』（弘文堂、2019年）284頁掲載の表をもとに、筆者で一部加工。なお、【新法】における下線部分が、今回の改正によって変更になった箇所である）。

【旧法及び判例】

	死亡前1年以内	死亡前1年超
相続人以外に対する贈与（旧法1030前段）	全て	遺留分権利者への加害の認識があるもの
相続人に対する贈与（判例）[13]	全て	

【新法】

	死亡前1年以内	死亡前1年超10年以内	死亡前10年超
相続人以外に対する贈与（新法1044①）	全て	遺留分権利者への加害の認識があるもの	
相続人に対する贈与（新法1044条①、③）	特別受益に該当する贈与		特別受益に該当する贈与であって、遺留分権利者への加害の認識があるもの

相続人に対する生前贈与については、改正前は上述のとおり、その時期を問わず、原則としてその全てが遺留分を算定するための財産の価額に算入されると解釈されていた。一方、新法では、特別受益に該当しない贈与は、贈与の時期にかかわらず遺留分算定の対象の範囲から除外された（新法1044③）。これは、相続人に対する贈与については、日常的な生活費

12　大判昭11. 6.17民集15巻1246頁。
13　最判平10. 3.24民集52巻2号433頁。

の交付と区別し難いものも多いことから、対象の範囲に算入されるのは相当額以上のものに限るべきであることなどが勘案された[14]ものである。

イ　負担付贈与に関する規律の改正

相続人及び相続人以外の者に対する生前贈与（相続人に対しては特別受益に限る）が負担付贈与であった場合についても、その取扱いが改正された（新法 1045 ①）。旧法 1038 条において、減殺の請求対象は、負担の価額を除いた目的の価額に限定すると規定されていたが、（1）の計算式における「（B）遺留分を算定するための財産の価額」には、負担の価額も含めた目的の価額の全体（＝負債控除前の価額）を含めた上で、減殺の請求対象となる額を、目的の価額から負担額を控除した残額とするのか（全部算入説）、それとも（B）に含める額につき、負担の価額を控除した額とするのか（一部算入説）で、学説上は見解が分かれていた。

全部算入説を採用した場合、一部算入説に比べて（B）の価額が大きくなるため、減殺の請求対象額が膨らみ、結果として負担付贈与を受けた者の方が、贈与を受けていない者（遺留分権利者）に比べて最終的な取得額が少なくなる可能性があるという問題があったことから、新法において、一部算入説を採用することが明確化されたものである[15]。すなわち、新法 1045 条 1 項において、負担付贈与がされた場合における遺留分を算定するための財産の価額（＝（B））に算入する価額は、その目的の価額から負担の価額を控除した額とする旨が規定された。

ウ　不相当な対価による有償行為に関する規律の改正

不相当な対価による有償行為とは、例えば、被相続人が通常よりも低廉な価額で、一部の相続人に不動産を譲渡していたような場合が該当する。旧法 1039 条では、不相当な対価による有償行為のうち、当事者双方が遺留分権利者に損害を加えることを知りながら行ったものに限り贈与とみなされ、遺留分権利者がその減殺を請求するときは、その対価を償還しなけ

14　部会資料24－２・35頁。
15　部会資料16・15頁。

ればならないと規定されていた。当該規律について、遺留分の算定の基礎となる財産の額を算定する際には対価を控除した残額部分が加算されるが、減殺の請求対象となるのはその全額であり、遺留分権利者は対価を償還することになると解されていた[16]。しかし、２（２）で述べたとおり、従来、物権的効力を有していた遺留分減殺請求権は、今回の改正で、債権的効力を有する遺留分侵害額請求権へ金銭債権化したことから、目的財産全部に対する減殺を認めつつ対価を償還させるというスキームを採用する合理性に欠けると判断された[17]。そのため、遺留分権利者による対価の償還という規律を廃止すると同時に、不相当な対価による有償行為は、当事者双方が遺留分権利者に損害を加えることを知ってしたもの（＝遺留分権利者への加害の認識がある贈与）に限り、不相当な対価を負担の価額とする、負担付贈与とみなす旨の改正が行われた（新法 1045 ②）。

（３）遺産分割の対象となる財産がある場合に関する規律の改正

ア　改正の概要

遺産分割の対象となる財産がある場合に関する規律とは、３（１）の（C）遺留分侵害額の計算式において控除される「（D）遺産分割の対象財産がある場合（既に遺産分割が終了している場合も含む。）における具体的相続分（ただし、寄与分による修正は考慮しない）に応じて遺留分権利者が取得すべき遺産の価額」に関するものである。

未分割の遺産がある場合には、遺留分権利者が遺産分割によってどの程度の財産を取得するのかが定まっていない。そのため、従来、遺留分侵害額から控除するべき「遺留分権利者が遺産分割において取得すべき遺産」の価額の算定方法については、学説及び実務上、いわゆる法定相続分を前提に算定すべきという見解（以下「法定相続分説」という）と、具体的相続分（ただし、寄与分による修正は考慮しない）を前提に算定すべきという見解（以下「具体的相続分説」という）に分かれていた。また、遺留分侵害額の算定をする時点で既に遺産分割が終了している場合についても、

16　部会資料16・17頁。
17　堂薗・前掲注（９）140頁。

実際に行われた遺産分割の結果を前提として算定すべきという考え方と、未分割の遺産がある場合と同様の算定方法によるべきという考え方に分かれていた[18]。

今回の改正は、遺留分侵害額の算定方法を明確化すると同時に相続人間の公平を図る観点から、遺産分割が既に終了しているか否かにかかわらず、上述の具体的相続分に応じて「遺留分権利者が取得すべき遺産の価額」（＝相続によって得た積極財産の額）が算定されることとなった。その理由として、①「相続によって得た積極財産の額」を算定する際に特別受益の存在を考慮しない考え方（法定相続分説）を採用すると、その後に行われる遺産分割の結果との齟齬が大きくなり、事案によっては、遺贈を受けている相続人が、遺贈を受けていない相続人に比べて最終的な取得額が少なくなる場合があること、②遺産分割手続の進行状況によって遺留分侵害額が変動し、これによって遺留分権利者に帰属する権利の内容が変動するのは相当でないこと、などが挙げられている[19]。

上記の議論を踏まえ、３（１）で示した計算式が、新法1046条２項にて規律された。なお、具体的相続分において寄与分による修正が考慮されないのは、寄与分は、寄与分権者が遺産に対する自己の実質的な持分を取得したものとみなすことが可能であり、被相続人の処分により生じた特別受益とはその性質が異なること[20]等が勘案されたためである。

イ　超過特別受益が存在する場合の遺産分割の方法

具体的相続分の計算においては、遺産分割の対象財産に、相続人全員に対する生前贈与（特別受益に該当するものに限る）の価額を加算して、みなし相続財産の価額を算定し、これに相続人の法定相続分の割合を乗じ、同人が得た特別受益の額を控除することになる（新法903①）。そして、多額の特別受益がある相続人については、計算上具体的相続分がマイナスとなる場合があり、このマイナス分は「超過特別受益」と呼ばれてい

18「民法（相続関係）等の改正に関する中間試案の補足説明」71頁。
19「民法（相続関係）等の改正に関する中間試案の補足説明」71頁～72頁。
20「民法（相続関係）等の改正に関する中間試案の補足説明」72頁。

る[21]。新法903条２項において「遺贈又は贈与の価額が、相続分の価額に等しく、又はこれを超えるときは、受遺者又は受贈者は、その相続分を受けることができない。」と規律されていることから、超過特別受益を有する相続人は、遺産分割の手続において何ら財産を取得できないが、マイナスとなっている部分を返還する必要はないこととなる。新法1046条２項２号において903条が含まれているため、超過特別受益が存在する場合、プラスの具体的相続分を有する相続人の額に応じて遺産分割の割合（＝具体的相続分率）を算出し、当該割合を遺産分割の対象財産の額に乗じることによって、各相続人が取得すべき額が定まることとなる[22]。

４　遺留分侵害額の算定における債務の取扱いに関する見直し

従来から、遺留分権利者が相続によって負担する債務がある場合には、遺留分侵害額の算定において、その債務の額を加算することとされている[23]。これは、遺留分権利者が承継した相続債務を弁済した後にも、遺留分権利者に一定の財産が残るようにするためである[24]。そのため、遺留分を侵害するような遺贈又は贈与を受けた受遺者・受贈者が、遺留分権利者の代わりに相続債務を弁済した場合には、受遺者・受贈者は、遺留分とは別に、当該弁済額を遺留分権利者に求償するといった解決を図る必要がある。

なお、遺留分侵害額の算定において加算すべき相続債務の額について、相続分の指定がある場合、法定相続分あるいは指定相続分のいずれかで算定する方法がありうるが、判例[25]では、相続人間においては、遺留分権利者それぞれが負担すべき相続債務の額を加算すべきであるとして、指定相続分の割合に応じて相続債務を承継することが相当であるとされている。新法1046条２項３号においてこの判示内容が明文化され[26]、遺留分の額に加算する債務の額として「第899条（＝各共同相続人は、その相

---

21 「民法（相続関係）等の改正に関する中間試案の補足説明」65頁。
22 東京弁護士会編『ケースでわかる　改正相続法』（弘文堂、2019年）291頁。
23 最判平８.11.26民集50巻10号2747頁。
24 部会資料８・16頁。
25 最判平21. 3.24民集63巻３号427頁。
26 堂薗・前掲注（９）147頁。

続分に応じて被相続人の権利義務を承継する）の規定により遺留分権利者が承継する債務の額」と規律されている。

さらに今回の改正において、遺留分侵害額請求権の行使に伴い金銭債権が生じることとされた（新法 1046 ①）点を踏まえ、受遺者・受贈者が、遺留分権利者が承継する相続債務に対し免責的債務引受や弁済等の行為をしたときは、遺留分権利者に対して意思表示を行うことにより、消滅した債務の額の限度において、遺留分侵害額債務のうち、支払った相続債務分を消滅させることができるようになった。この場合、受遺者・受贈者が、当該行為によって遺留分権利者に対し取得した求償権も、消滅した当該債務の額の限度において消滅されることができると規律された（新法 1047 ③）。これは、受遺者・受贈者が二重の利益を得ることを防ぐためである[27]。この規律に関する事例については、Case 9 を参照されたい。

Ⅱ　改正相続法に伴い改正された税の取扱い

Ⅰ２（２）で述べているように、民法改正に伴い、従来、遺留分減殺請求によって当然に物権的効果が生ずるとされてきた規律が改められ、遺留分権利者は受遺者又は受贈者に対して、遺留分侵害額に相当する金銭の支払を請求することができる制度が新たに設けられた（新法 1046 ①）。これによって、遺留分に関する権利の物権的効力が否定され、金銭債権化（＝債権的効力）されることになった。

この変更により、令和元（2019）年７月１日以後に開始した相続では、遺留分侵害額の請求において、新たに「代物弁済」の論点が生じることになった。すなわち、被相続人からの遺贈又は贈与（以下「遺贈等」という）によって、遺留分権利者（以下「相手方」という）から遺留分侵害額の請求を受けた受遺者又は受贈者（以下「受遺者等」という）が、金銭の支払に代えて、請求額の全部又は一部を履行するために資産を相手方に移転した場合、当該移転は「代物弁済（法 482）」であるとみなされる。したがって、受遺者等は、消滅する遺留分侵害額に相当する価額により現物資産を相手方に譲渡したこととなり、その受遺者等に対して、譲渡所得に係る所得税

27　部会資料22－２・29頁。

が課されることとなった（所基通33－1の6）。これは、移転した資産が、当該遺留分侵害額の請求の基因となった被相続人からの遺贈等により取得された資産でも同様である。このため、遺留分侵害額の請求を受けた受遺者等が金銭ではなく現物の資産を相手方に移転（＝現物交付）した場合、当該資産に対する相続税額に加えて、新たに譲渡所得税も負担する必要が生じたといえる。

この場合、譲渡価額は相続開始時の評価額（消滅した金銭債務の額）になり、金銭に代えて資産を取得した遺留分侵害額請求者の取得価額は、取得により消滅した金銭債権の額となる（所基通33－1の6、38－7の2）。

なお、従来は、減殺の請求対象となった財産の現物返還が原則であり、例外的に価額弁償が認められるという仕組みとなっていた[28]。このため、そもそも代物弁済という概念は生じず、したがって、譲渡所得にかかる課税も存在しなかった。

遺留分侵害額請求権の法的性質及び譲渡所得の発生の有無について、相続法の旧法及び新法における規律を比較すると、図表－1のようになる。

○図表－1　遺留分侵害額の請求における新旧比較

	旧　法	新　法
名称	遺留分減殺請求権	遺留分侵害額請求権
法的性質	物権的な効力（注1）	金銭債権（新法1046①）
移転時の譲渡所得への課税の有無	無し（遺留分減殺請求権者が相応の相続税額を負担する）	金銭による支払→無し
		資産の移転（代物弁済）→有り（注2）

（大石早苗＝鈴木愛「請求が行われた場合の税務」税経通信75巻1号108頁（2020）掲載の表をもとに、筆者で一部加工）
（注1）民法（相続関係）部会資料4・3頁。
（注2）所基通33－1の6

このため、新法において遺留分侵害額の請求がある場合に、遺留分侵害者は金銭で支払うことが、余計な税負担額を負わないために有効である。あるいは、金銭による支払が困難な場合には、譲渡所得税の負担を避けるために、他の相続人と相談の上、被相続人の遺贈等から遺産分割協議に切

28　永吉啓一郎「遺留分を侵害しているか否かの判断」税経通信75巻1号70頁、71頁（2020）。

り替えることを検討する必要があると考えられる。

なお、具体的な譲渡所得税額の算出については、Case10を参照されたい。

Ⅲ　ケーススタディ　遺留分侵害額の請求

Case1 遺留分の権利を有している相続人の範囲と遺留分の割合

遺留分の権利を有している相続人の範囲と遺留分の割合について教えてください。

Answer

遺留分の目的には、遺族の生活保障や遺産の形成に遺族の貢献があったことへの考慮などがある[29]ことから、遺留分権利者の範囲は、法定相続人に比べて狭くなっています。

遺留分権利者となる人は、被相続人の配偶者、子、父母及び祖父母（新法1042①）ですが、被相続人に子がいれば、父母及び祖父母（直系尊属）は相続人とはならないことから、遺留分権利者とはなりません。また、被相続人の兄弟姉妹は、たとえ被相続人の相続人であっても遺留分権利者には含まれません（新法1042①）。

遺留分の割合ですが、被相続人の配偶者又は子がいる場合には、遺留分権利者全体で遺産の２分の１となり、相続人が直系尊属のみの場合には遺産の３分の１と定められています（新法1042①）。遺留分権利者が複数人いる場合には、全体の遺留分の額に、遺留分権利者の法定相続分を乗じて、それぞれの遺留分割合が決まります（新法1042②）。

Case2 遺留分侵害額

以下の事例において、遺留分侵害額を教えてください。

被相続人Ｘ（2019年７月１日死亡）の相続人は、長男Ａ及び長女Ｂの２名（法定相続分各２分の１）で、相続開始時におけるＸの財産は、①甲銀行預金3,000万円、②乙土地（時価）4,000万円であり、この他に、長女Ｂ

29　部会資料４・１頁。

を受取人とする死亡保険金請求権3,000万円があります。Xは、①甲銀行預金3,000万円及び②乙土地（時価）4,000万円のいずれもAに相続させる旨の遺言を残しました。

なお、Xは、2011年6月にAに上場株式（贈与時の時価1,000万円、相続開始時の時価2,000万円）、2018年12月に、第三者であるCに現金1,000万円をそれぞれ生前贈与しました。Aに対する生前贈与は、特別受益（婚姻若しくは生計の資本として受けた贈与）に該当するものとします。

Answer

遺留分権利者となるのは、長男A及び長女Bの２名であり、遺留分割合は、どちらも、４分の１（＝1/2 × 1/2）となりますが、遺留分侵害額は、長男Aはゼロ、長女Bは2,500万円（長男Aに対する請求額）となります。

Study

遺留分侵害額は、以下のステップで計算していく。

a）遺留分を算定するための財産の価額を算定する。 b）各相続人が有する遺留分額を算定する。 c）各相続人の遺留分侵害額を算定する。

a）遺留分を算定するための財産の価額は、以下の算式で求める。

（ｉ）相続時における被相続人の積極財産の額＋（ii）相続人に対する生前贈与（特別受益に限る。）の額（原則死亡前10年以内）＋（iii）第三者に対する生前贈与の額（原則死亡前１年以内）－（iv）被相続人の債務の額

（ｉ）相続開始時における被相続人Xの積極財産の額

相続開始時における被相続人Xの積極財産の額を算定するに当たり、長女Bを受取人とする死亡保険金請求権3,000万円は、被相続人Xの積極財産に含まれるか、という論点がある。判例[30]によると、死亡保険金請求権

30　最判平14.11. 5民集56巻８号2069頁。

は、保険金受取人が自己の固有の権利として取得するものであるため、被相続人Ｘの積極財産には算入されない。ただし、相続人が生命保険金請求権を取得する場合に、保険金受取人である相続人とその他の共同相続人との間に生ずる不公平が、到底是認することができないほどに著しいものであると評価すべき特段の事情が存する場合には、当該死亡保険金請求権は特別受益に準じて持戻しの対象となるとの例外[31]が認められている[32]。ここでは、そういった特段の事情は見当たらないから、長女Ｂを受取人とする死亡保険請求権3,000万円は、被相続人Ｘの積極財産には含まれない。

したがって、被相続人Ｘの積極財産の額＝①甲銀行預金3,000万円＋②乙土地（時価）4,000万円＝7,000万円となる。

（ⅱ）相続人に対する生前贈与（特別受益に限る）の額（原則死亡前10年以内）

被相続人Ｘは死亡する８年前の2011年６月に、長男Ａに上場株式（贈与時の時価1,000万円、相続開始時の時価2,000万円）を生前贈与している。これは事例により特別受益に該当し、しかも死亡前10年以内に行われた生前贈与だから、「（ⅱ）相続人に対する生前贈与の額」に含まれることになる。ここで、Ａに生前贈与された上場株式の評価額は、贈与時あるいは相続開始時のいずれかということが論点となる。

生前贈与された上場株式の評価額については、法904条及び新法1044条２項を根拠として、評価額算定の基準時を相続開始時に求めるのが通説となっている[33]。そのため「（ⅱ）相続人に対する生前贈与の額」に含まれる上場株式の時価評価額は、相続開始時の2,000万円となる。

（ⅲ）第三者に対する生前贈与の額（原則死亡前１年以内）

第三者Ｃに対する現金1,000万円の生前贈与は、被相続人Ｘの死亡前１年以内に行われたので、「（ⅲ）第三者に対する生前贈与の額」に含まれることとなる。

31　最決平16.10.29民集58巻７号1979頁。

32　能見善久＝加藤新太郎編『論点体系　判例民法〈第３版〉』（第一法規、2019年）493頁〔青竹美佳〕。

33　能見ほか・前掲注（32）486頁〔青竹美佳〕。

（ⅳ）被相続人の債務の額は、本事例では存在しない。したがって、a）遺留分を算定するための財産の価額＝7,000万円＋2,000万円＋1,000万円＝10,000万円となる。

b）各相続人が有する遺留分額は、以下のように求められる。

長男Ａ：10,000万円×1/2（遺留分の割合）×1/2（法定相続分の割合）＝2,500万円

長女Ｂ：10,000万円×1/2（遺留分の割合）×1/2（法定相続分の割合）＝2,500万円

本事例では、遺言書において遺産分割方法が指定されており、相続人間で遺産分割協議がなされていないため、遺産分割の対象財産は存在しない。したがって、「c）各相続人の遺留分侵害額＝b）各相続人が有する遺留分額－各相続人が受けた遺贈又は特別受益に該当する贈与の価額」となる。本事例では、長男Ａは7,000万円の遺贈及び相続開始時の時価2,000万円の上場株式の生前贈与を受けている。一方、長女Ｂを受取人とする死亡保険請求権3,000万円は、Ｂの固有の権利として取得するもので、被相続人Ｘの積極財産に含まれず、長女Ｂが受けた遺贈にもならない[34]。そこで、長男Ａ及び長女Ｂの遺留分侵害額は、以下のように求められる。

長男Ａ：2,500万円－（7,000万円＋2,000万円）＝△6,500万円：遺留分侵害額なし

長女Ｂ：2,500万円－０＝2,500万円：遺留分侵害額

なお、長男Ａは受遺者だが、第三者Ｃは受贈者である。Ⅰ２（２）に述べたとおり、受遺者と受贈者とがあるときは、受遺者が先に遺留分侵害額を負担する。長女Ｂの遺留分侵害額は、長男Ａの遺贈及び生前贈与の合計額（9,000万円）を下回っているので、長女Ｂは、2,500万円の遺留分侵害額の全額を長男Ａに請求することになる。

34　前掲注（30）の判例参照。

Case3 相続開始前の１年間の基準時とは

遺留分を算定するための財産の価額には、相続人以外の者に対して相続開始前の１年間に行われた贈与が含まれるとのことですが、「１年間」の基準時について教えてください。

Answer

相続人以外の者に対する相続開始前の１年間に行われた贈与であるか否かは、「贈与の意思表示がされた時」を基準として判断します。

Study

相続人以外の者に対する相続開始前の１年間に行われた贈与とは、贈与の意思表示ないしは契約が、相続開始前１年間になされたものを指す[35]。このため、贈与契約が１年より前になされている場合には、履行が１年以内になされていたとしても、遺留分を算定するための財産の価額には含まれないため、留意が必要である[36]。ただし、書面によらない贈与の場合は、各当事者が撤回できることから、履行日が基準日となる（法550）。

Case4 遺留分権利者に損害を加えることを知って行われた贈与

遺留分権利者に損害を加えることを知って行われた贈与とは、具体的にどんな贈与を指しますか。

Answer

遺留分権利者に損害を加えることを知って行われた贈与（新法1044①③）とは、遺留分権利者への加害の認識のある贈与を指します。このうち「損害を加えることを知って」については、「客観的に加害の認識を持っている」という意味であり、具体的には、遺留分を侵害する事実関係を知っているだけではなく、将来において被相続人の財産が増加することはない

35　谷口知平『家族法の研究（下）』（信山社、1991年）136頁。

36　停止条件付贈与契約が、相続開始の１年より前になされ、１年内に条件が成就したとしても、１年間になされた贈与に含まれないとした裁判例（仙台高秋田支判昭和36. 9 .25下級民集12巻９号2372頁）がある（能見ほか・前掲注（32）490頁〔青竹美佳〕）。

との認識を持っている必要がある[37]とされています。

✍Study

改正相続法（新法1044①③）により、遺留分を算定するための財産の価額に含まれる生前贈与は、相続人以外の者に対しては死亡前１年以内になされたもの、相続人に対しては死亡前10年以内になされた特別受益に該当するもの、とされている。しかし、生前贈与をする側及び受ける側の当事者双方に、遺留分権利者への加害の認識がある場合になされた生前贈与については、それぞれ期間の制限が適用されないこととなっている。

ここで、遺留分権利者への加害の認識のある贈与とは、遺留分を侵害する事実関係を知っているだけではなく、将来において被相続人の財産が増加することはないとの認識を持っている必要があるとされる[38]。判例[39]によれば、被相続人が生前贈与を行った際に、高齢又は病気などで活動力が低下しており、将来財産が増加する見込みがない場合には、損害の認識があったとの評価がされやすいとされている。

Case5　相続開始時から10年より前になされた特別受益に該当する生前贈与の遺留分侵害額の算定における取扱い

相続人に対して相続開始時から10年より前になされた特別受益に該当する生前贈与は、遺留分を算定するための財産の価額に含まれないとのことですが、遺留分侵害額の算定に当たってはどのように扱われますか。

Answer

相続人に対して相続開始時から10年より前になされた特別受益に該当する生前贈与は、遺留分権利者への加害の認識がない限り、遺留分を算定するための財産の価額に含まれません。しかし、各相続人の遺留分侵害額（＝各相続人が有する遺留分額－各相続人が受けた遺贈又は特別受益に該

37　大判昭11. 6.17民集15巻1246頁。
38　能見ほか・前掲注（32）490頁〔青竹美佳〕。
39　大判昭19. 7.31民集23巻422頁。

当する贈与の価額）の算定に当たっては、各相続人が有する遺留分額から控除される「各相続人が受けた遺贈又は特別受益に該当する贈与の価額」には、特別受益に該当する生前贈与は、期間の制限なく全て含まれます。したがって、相続人に対して相続開始時から10年より前になされた特別受益がある場合、その額だけ当該相続人の遺留分侵害額は減少することになります。

✍Study

遺留分侵害額は、「遺留分」（新法1042①）から、「遺留分権利者が受けた遺贈又は特別受益に該当する贈与の価額」（新法1046②一）を控除して算定されるが、「遺留分権利者が受けた遺贈又は特別受益に該当する贈与の価額」は、従来どおり、法903条１項（特別受益者の相続分）の規定により計算されることになっている。法903条１項には、期間制限は設けられていないことから、相続人が特別受益となる生前贈与を受けた場合、その時期にかかわらず、当該相続人の遺留分侵害額は減少することになる。

Case6 負担付贈与における遺留分侵害額

負担付贈与における以下の事例において、Ｙの遺留分侵害額を教えてください。

被相続人Ａの相続人は、長男Ｘ及び長女Ｙの２名（法定相続分各２分の１）ですが、Ａは死亡の５年前にＸに対して、Ａの債務1,000万円を引き受ける（＝重畳的債務引受）ことを条件に現金3,000万円を生前贈与し（これは特別受益に該当します）、ＸはＡの死亡時までに債務を完済しました。またＡは、第三者Ｂに現金6,000万円を遺贈し、その他の遺産は無かったため、Ｙが遺留分侵害額請求権を行使しました。

Answer

Ｙの遺留分侵害額は2,000万円となり、受遺者のＢに請求することになります。

Study

Ｙの遺留分侵害額は、以下のように計算する。なお、Ｂは受遺者、Ｘは受贈者であるため、Ｂから先に遺留分侵害額を負担することになる（新法1047①一）。

遺留分を算定するための財産の価額＝（3,000万円－1,000万円）＋6,000万円＝8,000万円

Ｙの遺留分侵害額＝8,000万円×1/2×1/2＝2,000万円

最終的な取得額　Ｘ　3,000万円－1,000万円＝2,000万円
　　　　　　　　Ｂ　6,000万円－2,000万円＝4,000万円
　　　　　　　　Ｙ　2,000万円（Ｂからの取得額）

受遺者と受贈者がいる場合、まず受遺者から負担し、受遺者が負担しきれない限度で受贈者が負担する規定になっているのは、遺贈が相続開始によって効力が発生するのに対し、贈与は既に効力が発生していることから、贈与の法的安定性を保護しようとする趣旨である。

Case7　不相当な対価による有償行為が含まれる場合の遺留分侵害額

不相当な対価による有償行為が含まれる以下の事例において、Ｙの遺留分侵害額を教えてください。

被相続人Ａの相続人は、長男Ｘ及び長女Ｙの２名（法定相続分各２分の１）ですが、Ａは死亡の半年前に、第三者Ｂに対して評価額1,000万円の土地（以下「本件土地」といいます）を200万円で売却し、ＸにはＡの死亡の３年前に4,200万円を贈与しました（これは特別受益に該当します）。その他の遺産は無かったため、Ｙが遺留分侵害額請求権を行使しました。

Answer

Ｙの遺留分侵害額は1,250万円で、相続開始時の半年前に贈与を受けた受贈者Ｂが、まず800万円を負担し、３年前に特別受益の贈与を受けたＸが残額の450万円を負担することになります。

✍Study

Ｙの遺留分侵害額は、以下のように計算する。なお、Ａが死亡の半年前にＢに土地を売却した時点では、その他に相続財産がなかったことから、新法1045条２項によりＡ及びＢの双方が、遺留分権利者であるＸ及びＹに損害を加えることを知ってしたものとみなされ、Ｂに対する本件土地の売却は、負担付贈与とみなされる。したがって、Ｂ及びＸとも受贈者となる。ただし、Ｂが後の受贈者であるため、Ｂから先に侵害額を負担する（新法1047①三）。

遺留分を算定するための財産の価額＝(1,000万円－200万円)＋4,200万円＝5,000万円

Ｙの遺留分侵害額＝5,000万円×1/2×1/2＝1,250万円

最終的な取得額　Ｂ　本件土地全部－800万円

Ｘ　4,200万円－（1,250万円－800万円）＝3,750万円

Ｙ　800万円（Ｂからの取得額）＋450万円（Ｘからの取得額）＝1,250万円

Case8 超過特別受益が存在する場合

超過特別受益が存在する以下の遺産分割の事例において、各相続人の個別的遺留分侵害額及び第三者Ｃを含む４名の最終的な取得価額を教えてください。

被相続人Ａの相続人は、配偶者Ｂ、長男Ｘ及び長女Ｙの３名です。Ａは2,000万円の土地をＸに遺贈しました（これは特別受益に該当します。）。また7,000万円の預金を第三者Ｃに遺贈しました。Ａの死亡時にＡが有していた財産は、Ｘに遺贈した土地、Ｃに遺贈した預金の他、3,000万円の預金であり、債務はありませんでした。現時点において遺産分割はなされていません。

Answer

配偶者Ｂの個別的遺留分侵害額は 1,000 万円、長男Ｘの個別的遺留分

侵害額はゼロ、長女Ｙの個別的遺留分侵害額は500万円となります。Ｂ及びＹの遺留分侵害額は、どちらも受遺者Ｃが負担することになります。したがって、最終的取得額は、Ｂ 3,000万円、Ｘ 2,000万円、Ｙ 1,500万円、Ｃ 5,500万円となります。

✍Study

①　Ｂ、Ｘ及びＹの具体的相続分は以下のとおりとなる。

Ｂ＝（2,000万円＋3,000万円）×1/2＝2,500万円

Ｘ＝（2,000万円＋3,000万円）×1/2×1/2－2,000万円＝△750万円（超過特別受益）

Ｙ＝（2,000万円＋3,000万円）×1/2×1/2＝1,250万円

②　超過特別受益を考慮した後のＢ、Ｘ及びＹの具体的相続分に応じて遺留分権利者が取得すべき遺産の価額は、以下のとおりとなる。

Ｂ＝3,000万円×2,500万円／（2,500万円＋1,250万円）＝2,000万円

Ｘ＝０円

Ｙ＝3,000万円×1,250万円／（2,500万円＋1,250万円）＝1,000万円

③　Ｂ、Ｘ及びＹの個別的遺留分侵害額は、以下のとおりとなる。

Ｂ＝（2,000万円＋3,000万円＋7,000万円）×1/2×1/2－2,000万円＝1,000万円

Ｘ＝（2,000万円＋3,000万円＋7,000万円）×1/2×1/4－2,000万円＝△500万円→０円

Ｙ＝（2,000万円＋3,000万円＋7,000万円）×1/2×1/4－1,000万円＝500万円

よって、Ｂは1,000万円、Ｙは500万円の遺留分侵害額請求権をＣに対して行使することができる。また、未分割の現金3,000万円は、②の具体的相続分に応じて遺産分割されることになると予想される。

④　Ｂ、Ｘ、Ｙ及びＣの最終的な取得価額は、以下のようになると予想されます。

Ｂ＝（②）2,000万円＋（③）1,000万円＝3,000万円

Ｘ＝（土地）2,000万円＋（②）０万円＋（③）０万円＝2,000万円

Ｙ＝（②）1,000万円＋（③）500万円＝1,500万円
Ｃ＝（預金）7,000万円－（③）1,000万円－（③）500万円＝5,500万円

Case9 遺留分侵害額の算定における債務の取扱い

遺留分侵害額の算定における債務の取扱いに関する以下の事例において、長男Ｘ及び長女Ｙの遺留分侵害額及び第三者Ｃの遺留分侵害額債務の額を教えてください。

被相続人Ａの相続人は、長男Ｘ及び長女Ｙの２名です。Ａは銀行預金5,000万円及びＤに対する1,000万円の債務を遺しており、3,000万円を第三者Ｃに遺贈し、残額2,000万円の銀行預金及び1,000万円の債務は、法定相続分に応じて、Ｘ及びＹに２分の１ずつ相続させる旨の遺言を作成していました。ところが、Ｃが、Ｘ及びＹに代わってＤに対し1,000万円の債務を弁済し、その旨をＸ及びＹに意思表示しました。

Answer

受遺者Ｃが相続債務を弁済しているので、Ｘ及びＹの個別的遺留分侵害額はゼロとなり、Ｃの遺留分侵害債務も同様にゼロとなります。

Study

長男Ｘ及び長女Ｙの個別的遺留分額は、以下のように算定する。

個別的遺留分額＝
（5,000万円－1,000万円）×1/2×1/2＝1,000万円（①）
個別的に取得した遺産の価額＝2,000万円×1/2＝1,000万円（②）
個別的遺留分侵害額＝
1,000万円（①）－1,000万円（②）＋1,000万円×1/2＝500万円
↑
Ｘ及びＹが負担すべき相続債務の額の加算（新法1046②三）

ただし、ＣはＸ及びＹに代わってＤに対し1,000万円の債務を弁済しているので、新法1047条３項の規定により、Ｘ及びＹの個別的遺留分侵害

額には相続債務の額は加算されない。そのため、

個別的遺留分侵害額＝1,000万円－1,000万円＝ゼロ

このように、Ｘ及びＹの個別的遺留分侵害額はゼロとなり、Ｃの遺留分侵害額債務も同様にゼロとなる。

Case10　遺留分侵害額の請求に対して受遺者が相続した不動産の持分を引き渡した場合

遺留分侵害額の請求に対して、受遺者が金銭の代わりに相続した不動産の持分を引き渡した以下の事例において、長男Ｘ及び長女Ｙの税負担額がどうなるのか教えてください。

被相続人Ａの相続人は、長男Ｘ及び長女Ｙの２名です。Ａは、先祖伝来の時価8,000万円の甲土地（取得価額不明）をＸに相続させる旨の遺言を残しました。Ａの死亡時にＡが有していた財産は甲土地のみであり、債務はありませんでした。Ｘは遺言に従い、甲土地の相続手続きを完了させ、470万円の相続税額を納付しました。ところが、ＹからＸに対し、2,000万円（相続財産の４分の１）の遺留分侵害額の請求がありました。Ｘは金銭で支払うことができなかったため、相続した甲土地の持分４分の１をＹに引き渡しました。

Answer

甲土地の持分４分の３を長男Ｘが、４分の１を長女Ｙが相続することになったため、長男Ｘは352万５千円、長女Ｙは117万５千円の相続税を負担します。なお、長女Ｙからの遺留分侵害額請求額について、長男Ｘは金銭で支払えないことから、相続した甲土地の持分４分の１を引き渡すことに合意しましたので、ＸからＹへの代物弁済になり、Ｘに譲渡所得税の負担が生じることになります。

Study

まず、長女Ｙは、遺留分の請求により、相続財産（甲土地）の４分の１を相続したことになるため、対応する相続税117万５千円（＝470万円

×1/4）を納付する。

一方、長男Ｘは、遺留分の請求を受けたことにより、相続財産（甲土地）の４分の３を相続したことになるため、相続税の申告にかかる更正の請求手続を行い、長女Ｙが納付した117万５千円の還付を請求する（改正相続税法32①三)。さらに、長男Ｘは、長女Ｙに相続財産（甲土地）４分の１の持分を2,000万円で譲渡（売却）したものとみなされるため、以下の譲渡所得税を納付することになる（所基通33－１の６)。

譲渡所得税額＝｛2,000万円（時価）－（2,000万円×５％)｝×20%
＝380万円
↑
概算取得費

復興所得税額＝380万円×2.1%＝7.98万円
総合計：387.98万円→約388万円

なお、長女Ｙの甲土地にかかる取得費は、「その履行があった時においてその履行により消滅した債権の額に相当する価額により当該資産を取得したこととなる」と規定されている（所基通38－７の２）ことから、Ｙの遺留分侵害額である2,000万円（＝8,000万円×1/2×1/2）となる。

〔服部夕紀〕

〈コラム5〉

相続債務

被相続人の債務は、法定相続人が法定相続分に応じて承継する。

相続人間の遺産分割協議において、特定の相続人が全相続債務を相続することにしても、そのことを相続債権者に主張することはできない（重畳的債務引受（併存的債務引受：民470①））。

他の相続人が、相続債権者から相続債務の弁済を求められないようにするには、全相続債務を相続した当該相続人が免責的債務引受契約を相続債権者と取り交わして相続債権者の承諾を得なければならない。

例えば、長男が全ての相続債務を相続することに渋々同意したにもかかわらず、後になって、金融機関から相続債務の弁済を求められるようなことがないよう他の兄弟は用心する必要がある。

「遺留分を侵害された相続人と相続債務の扱い」（最判平21．3.24民集63巻3号427頁）

「相続人のうちの１人に対して財産全部を相続させる旨の遺言により相続分の全部が当該相続人に指定された場合、遺言の趣旨等から相続債務については当該相続人にすべてを相続させる意思のないことが明らかであるなどの特段の事情のない限り、当該相続人に相続債務もすべて相続させる旨の意思が表示されたものと解すべきであり、これにより、相続人間においては、当該相続人が指定相続分の割合に応じて相続債務をすべて承継することになると解するのが相当である。（中略）遺留分権利者が相続債権者から相続債務について法定相続分に応じた履行を求められこれに応じた場合も、履行した相続債務の額を遺留分の額に加算することはできず、相続債務をすべて承継した相続人に対して求償し得るにとどまるものというべきである。」

上記判例は、争いがある相続で、相続財産をすべて相続した相続人が、相続債権者と免責的債務引受契約を取り交わしていないケースである。法定相続分に応じた相続債務を返済した遺留分請求者は、遺留分の請求と切り離して、その返済額を別途求償すべきと判示している。

「遺言により相続分を零と定められた相続人の遺留分減殺請求後の被相続人の租税債務の引継」（東京地判平25.10.15）

遺言により相続分を零と定められた相続人が承継する被相続人の納税義務

（税額）は、被相続人の所得税の額に零を乗じた額であり、遺留分減殺請求が行われてもその割合は修正されないと判断された事例（確定）がある。

これは、国税通則法５条の被相続人の納税債務の承継の規定に従ったもので、上記の重畳的債務引受の取扱いとは異なる考えであり、注意すべき点である。

債務控除

制限納税義務者の場合には、国内に所在し、相続人が取得した財産とヒモ付きの関係にある債務のみが控除対象になる（相法13②）。

ただし、被相続人が国内で事業を行っていた場合の事業上の債務は、課税財産とは関係なく控除対象になる（相法13②五）。

なお、制限納税義務者の場合には、被相続人の葬式費用の控除は認められていない（相法13）。

ある相続のケースを紹介する。父親が妻の死亡に伴い2,000万円の死亡保険を受領した。法定相続人である子供が３人なので、死亡保険金は父親が受けた生命保険のみで、死亡保険金の非課税枠内におさまった。父親は、妻のその他の預金や不動産は３人の子供たちで均等に分けることに承諾し、一切の妻の相続財産を受けずに、妻の相続債務と葬式費用を一人で全額負担した。もちろん受領した2,000万円内で済んだのではあるが……。

このケースは、基礎控除を超える相続財産であったので、父親のマイナス分（相続債務と葬式費用の債務控除の総額）を相続税額の計算上一切控除できなかった。つまり、債務控除ゼロとして計算した相続税額を３人の子供で納付することになったのである。

父の好意がその家族の相続税負担を重くしたことになるわけで、特定の相続人のネットの相続財産がマイナスにならないよう、積極財産と消極財産のバランスを考慮した承継が大切だと感じた事案だった。

相続税の連帯納付義務

同一の被相続人から相続又は遺贈により財産を取得した者は、取得した相続財産から負担すべき相続税を控除した範囲内で、相続の申告期限から５年間は、連帯納付義務を負う（相法34）。

第三者の受遺者が相続税を負担せずに行方知れずになったりすると、他の相続人に連帯納付義務が発生することになるので、納税資金の確認と納付の確認を取っておくべきである。

相続人自身が負った債務を考慮して相続放棄した行為は、詐害行為取消権の対象とはならない（最判昭49. 9.20民集28巻6号1202頁）

相続前に自身の債務を負う相続人が、相続財産を取得しないという遺産分割協議を相続債権者から詐害行為として訴えられ、他の相続財産を取得した相続人に危害が及ぶのを避けるには、相続財産を取得しない予定である相続人は、遺産分割協議において財産を取得しないこととするのではなく、相続を放棄するのが賢明である。

〈コラム6〉

遺留分請求と和解金の相続財産性

「請求人の亡母は、その所有する財産の全部を包括して請求人の実弟に相続させる旨の遺言をしており、本件マンションを含む相続財産は、相続により実弟に承継されたものと認められる。その後、請求人は、遺留分減殺請求を行っている。しかしながら、本件和解により、実弟が本件金員を期限に遅滞なく支払ったときは、請求人は持分を主張せず、実弟は請求人に対する貸金債権を主張しない旨合意され、実際に本件金員が支払われたことに照らせば、遺留分減殺請求によって、遺言及び相続によるマンションの承継の効力は左右されることはなく、請求人はマンションの持分を有したことはなく、民法1036条（受贈者による果実の返還）所定の果実としてマンションの賃料債権を取得することもなかったものと見るのが相当である。本件金員は、マンションの賃料収入に係る果実返還金ではないから不動産所得とは認められない。また、本件金員の法的性質は、相続に関する紛争を解決するための和解金ないし解決金であって、遺留分減殺請求に対する価額弁償金や果実返還金として支払われたものではないから、これを相続財産と見ることはできない。」との注目すべき裁決（大裁平27. 7.17）がある。

原処分庁の不動産所得を否定し、審査請求人の相続財産の主張も否定し、一時所得と認定した。

遺留分請求の和解書の作成には、租税に疎い弁護士任せにせず、税理士に事前相談すべきである。

第5章

遺産分割の改正
（仮払制度・分割前遺産処分・一部分割）と税務

Ⅰ　はじめに

平成28年12月19日最高裁大法廷決定（民集70巻8号2121頁）により、預貯金債権の遺産分割における取扱いについて、重要な判例変更があり、この判例変更に伴い新たに生ずる問題点を解消するための方策について、法制審議会等においてさまざまな検討が行われ、その結果、遺産分割については、以下の改正が行われることとなった。

（1）遺産分割前における預貯金の払戻し制度について、①家庭裁判所の判断を経ないで預貯金の払戻しを認める方策と、②家事事件手続法の保全処分の要件を緩和する方策が、創設された（新民法909の2、家事法200③）。

（2）遺産の分割前に遺産に属する財産が処分された場合の取扱いについて、共同相続人全員の同意により、当該処分された財産を遺産分割の対象に含めることができるなど、明文化がされた（新民法906の2関係）。

（3）遺産の一部分割について、協議により分割することができ、その協議が調わないとき等は、各共同相続人は、家庭裁判所に、遺産の一部について分割の請求をすることができるなど、明文化がされた（新民法907関係）。

今回の民法（相続関係）の改正にあわせて、平成31年度税制改正においてもいろいろな税制改正の措置が各項目で講じられているが、この章で述べる預貯金債権の遺産分割における取扱いについては、今回の民法（相続関係）の改正に伴う特別な措置は、平成31年度税制改正では見当たらない。

Ⅱ　仮払制度等の創設（新民法909の2、家事法200③）

前述の最高裁判決前までは、金銭債権等は可分債権として、相続開始により各相続人が相続分に応じて預貯金債権の払戻し請求をすることができたが、最高裁判決後は遺産分割成立まで準共有の状態になり、生活費や葬儀費用の支払、相続債務の弁済など、お金が必要になった場合に、実務上、被相続人の預貯金の払戻しができないという問題が生じていた。

もちろんこのような場合に、家事事件手続法200条2項の仮分割仮処分を活用して相続人の資金需要に対応することもできたが、「急迫の危険を防止するため必要があるとき」という厳格な要件があるため現実にはあまり活用されなかった。

そこで、このような不都合を解消し相続人の資金需要に対応することができるよう、遺産分割前でも預貯金債権のうち一定額については、金融機関で一部払戻しが可能となるよう民法改正を行った。

さらに、新家事事件手続法200条3項の制度を加えたことにより、相続開始後の一定額以上の資金需要にも柔軟な対応ができるように要件を緩和する改正を行った。

1　家庭裁判所の判断を経ないで、預貯金の払戻しを認める場合（新民法909の2）

> 新民法909条の2（遺産の分割前における預貯金債権の行使）
>
> 各共同相続人は、遺産に属する預貯金債権のうち相続開始の時の債権額の3分の1に第900条及び第901条の規定により算定した当該共同相続人の相続分を乗じた額（標準的な当面の必要生計費、平均的な葬式の費用の額その他の事情を勘案して預貯金債権の債務者ごとに法務省令で定める額を限度とする。）については、単独でその権利を行使することができる。この場合において、当該権利の行使をした預貯金債権については、当該共同相続人が遺産の一部の分割によりこれを取得したものとみなす。

※上記、新民法909条の2における「法務省令で定める額を限度」については、民法909条の2に規定する法務省令で定める額を定める省令において、「民法第909条の2に規定する法務省令で定める額は、150万円とする。」と定めている。

（1）改正の経緯（下線筆者加筆）

従来、金銭債権等の可分債権について、最高裁昭和29年4月8日第一小法廷判決（最高裁判所民事判例集8巻4号819頁）では、「相続人数人ある場合において、相続財産中に金銭その他の可分債権あるときは、その債権は法律上当然分割され各共同相続人がその相続分に応じて権利を承継する。」と判断されていた。したがって、原則として、預貯金債権等は、遺産分割の対象から除外され、相続人の合意がある場合には、遺産分割の対象とされていた。つまり、金銭債権その他の可分債権は、各共同相続人が、その相続分に応じて権利を承継するとされていた。

ただし、銀行実務では、金銭債権のうち預金債権に関して二重払いのリスクを避け、遺産をめぐる紛争に巻き込まれないように、共同相続人全員の同意がないと払戻に応じない、すなわち分割帰属を認めないという対応をしていた。しかし、裁判上では各相続人の法定相続分に応じた請求は認められるため、法定相続分相当額の払戻を拒絶する銀行の対応が不法行為に当たるか否かについて争われた裁判例がいくつかある。[1]

今回の民法改正の経緯となった、平成28年12月19日最高裁大法廷決定（民集70巻8号2121頁）は、「①共同相続された普通預金債権、通常貯金債権及び定期貯金債権は、いずれも、相続の開始と同時に当然に相続分に応じて分割されることはなく、遺産分割の対象になるものと解すべきである。②遺産分割の対象となる預貯金債権は、その遺産分割まで共同相続人の準共有に属する。」、「共同相続された普通預金債権、通常貯金債権及び定期貯金債権は、いずれも、相続開始と同時に当然に相続分に応じて分割されることはなく、遺産分割の対象となる。」として、これまでの判例を変更し、預貯金債権が遺産分割の対象に含まれるものと判断した。

したがって、この決定により、相続された預貯金債権は遺産分割の対象財産に含まれることになり、遺産分割が終了するまでの間は、相続人単独では預貯金債権の払戻しができないことになった。

ただし、この決定について、複数の裁判官からの補足意見として、「従来、預貯金債権は相続開始と同時に当然に各共同相続人に分割され、各共同相続人は、当該債権のうち自己に帰属した分を単独で行使することができるものと解されていたが、多数意見によって遺産分割の対象となるものとされた預貯金債権は、遺産分割までの間、共同相続人全員が共同して行使しなければならないこととなる。そうすると、例えば、共同相続人において

1　宮本誠子『民法判例百選Ⅲ』（2015年）133頁。

被相続人が負っていた債務の弁済をする必要がある、あるいは、被相続人から扶養を受けていた共同相続人の当面の生活費を支出する必要があるなどの事情により被相続人が有していた預貯金を遺産分割前に払い戻す必要があるにもかかわらず、共同相続人全員の同意を得ることができない場合に不都合が生ずるのではないかが問題となり得る。このような場合、現行法の下では、遺産の分割の審判事件を本案とする保全処分として、例えば、特定の共同相続人の急迫の危険を防止するために、相続財産中の特定の預貯金債権を当該共同相続人に仮に取得させる仮処分（仮分割の仮処分。家事事件手続法 200 ②）等を活用することが考えられ、これにより、共同相続人間の実質的公平を確保しつつ、個別的な権利行使の必要性に対応することができるであろう。

もとより、預貯金を払い戻す必要がある場合としてはいくつかの類型があり得るから、それぞれの類型に応じて保全の必要性等保全処分が認められるための要件やその疎明の在り方を検討する必要があり、今後、家庭裁判所の実務において、その適切な運用に向けた検討が行われることが望まれる。」との、指摘があった。

そこで、この判決結果（預貯金債権が遺産分割の対象財産に含まれること）を前提としながら、補足意見の指摘を考慮して、今回の「遺産分割前の預貯金の払戻し制度」の創設に至ったのである。

ただし、平成 28 年 12 月 19 日最高裁大法廷決定は、預貯金について、今後は、遺産分割の対象となるものと判断を示したもので、可分債権が一般に遺産分割の対象となるとしたものではなく、他の可分債権にどこまで及ぶのかは必ずしも明らかではないことに留意する必要がある。[2]

2　能美善久・加藤新太郎編集『判例民法11　相続　第３版』（第一法規、2019年）140頁。

ケーススタディ　家庭裁判所の判断を経ないで預貯金の払戻しを認める場合

Case1 家庭裁判所の判断を経ないで預貯金の払戻しを認める場合（新民法909条の2の具体的取扱い）

同居をしていた母が亡くなりましたが、遺産分割前に、当面の生活費や葬儀費用などを、亡くなった母の銀行口座から引き出したいと思います。その際に、払戻しの金額等に上限はあるのでしょうか。

Answer

新民法 909 条の２における「法務省令で定める額を限度」については、法務省令では、その上限額について 150 万円と定めています。この上限額は、平均的な葬儀費用の額その他の事情を勘案して定められましたが、今後、その時の情勢に応じて、改正がされることも予定されています。

Study

新民法909条の２の規定により、当面の必要生計費、平均的な葬式の費用の額等に対応が可能となったが、家事事件手続法200条２項 を適用することも考えられるが「急迫の危険を防止するため必要があるとき」という要件があるため、新家事事件手続法200条３項の制度を加え、相続開始後の資金需要にも柔軟に対応ができるようにした。

また、新民法909条の２における「法務省令で定める額を限度」については、民法909条の２に規定する法務省令で定める額を定める省令において、「民法第909条の２に規定する法務省令で定める額は、150万円とする。」と定めている。

新民法909条の２の規定により、共同相続人が単独でその払戻しができる金額の計算方法は、以下による。

相続開始時の預貯金債権の額×1/3・・・・・・・・①

当該払戻しを行う共同相続人の法定相続分・・・・②

単独で払戻しをすることができる額・・・・・・・③

①　×　②　＝　③

ただし、同一の金融機関につき、複数の口座がある場合には、法務省令で定められた150万円を上限額とする。また、複数の金融機関に口座がある場合には、その上限額は増えることになる。

〈具体例〉（子供２人とすると）

A銀行　普通預金　300万円×1/3×1/2（法定相続分）＝50万円

A銀行　定期預金　1,500万円×1/3×1/2（法定相続分）＝250万円

50万円+250万円＝300万円≧150万円　∴150万円

A銀行から、共同相続人が単独で払戻しをすることができる額は、150万円

（注１）A銀行から、法務省令で定められた上限額である150万円を、どの口座からいくら払戻しを得るかは、その相続人の判断に委ねられているが、普通預金から150万円の払戻しをすることはできない。

（注２）同一の金融機関に複数の口座があっても上限額は変わらないが、複数の金融機関に口座がある場合にはその上限額は増えることになる。

上記の具体的な上限額については、「中間試案後に追加された民法（相続関係）等の改正に関する試案（追加試案）の補足説明」において、下記のようなデータに基づき、算定が行われたようである。

〈一人当たりの保有資産・保有口座数について〉

「60歳以上69歳以下の高齢世帯の平均貯蓄金額は2,312万円であり、70歳以上の高齢世帯の平均貯蓄金額は2,446万円（総務省「家計調査（２人以上の世帯)」平成28年）であり、また、我が国の金融機関における平均口座保有数は約３．５個である（株式会社日本統計センター「金融機関の利用に関する調査」平成23年）という統計データがある。これらのデータを単純に組み合わせると、60歳以上の高齢世帯の配偶者は、本方策により約230万円の払戻しを受けることができ、一般的な葬儀費用（約189万円「葬儀についてのアンケート調査」（第10回、平成25年）（財団

法人日本消費者協会)。なお、経済産業省による「特定サービス産業実態調査」(平成21年)によれば、葬祭業者における葬儀1件当たりの売上高は約125万円という統計データもある。)をまかなうことができるものと思われる。」[3]

Case2 家庭裁判所の手続を経ないで預金の払戻しをした場合の一般的注意事項(新民法909条の2の一般的注意事項)

家庭裁判所の手続を経ないで預金の払戻しの際に、一般的な注意すべき事項等について教えてください(新民法909の2)。

Answer

本条の規定により、共同相続人が金融機関から払戻しをした預貯金債権は、「当該共同相続人が遺産の一部の分割によりこれを取得したものとみなす。」と規定しています。つまり、他の相続人の同意を要件としていませんので、共同相続人は単独でこの権利を行使することができます。しかし、払い戻した金額が、具体的相続分を超える場合には、その共同相続人は遺産分割の際に、超過した金額を清算する必要があります。

✍Study

共同相続人の中に被相続人から多額の生前贈与を受けていた相続人がいる場合において、その生前贈与を受けていた相続人が本来であれば相続財産を取得することができない場合には、この制度を利用して預貯金の払戻しをされた場合に、他の共同相続人の利益を害する場合が生ずることがある。その場合には、その共同相続人がこの規定により払い戻した預貯金の額が、具体的相続分を超過する場合は、その共同相続人はその超過部分を清算すべき義務を負うことになる。

新909条の2における「遺産に属する預貯金債権」については、その預貯金債権が遺贈や特定財産承継遺言の対象となっている場合には、遺産

3　法制審・資料　中間試案後に追加された民法(相続関係)等の改正に関する試案(追加試案)の補足説明・22頁。

に属しないこととなるので、原則として、同条の規定による払戻しの対象とはならない。

金融機関における具体的な手続方法については、法律上規定を設けていないため、被相続人が死亡した事実を確認できる書類や、法務局で認証を受けた法定相続情報一覧図等の資料の、提示あるいは提出が必要と考えられる。

Case3 家庭裁判所の手続を経ないで預金の払戻しをした場合に税務上の注意すべき事項（新民法909条の２の税務上の注意事項）

家庭裁判所の手続を経ないで預金の払戻しをした場合において、税務上の注意すべき事項等について教えてください（新民法909の２）。

Answer

新民法909条の２の適用を受ける場合に、税務上に与える影響は特にないものと思われます。つまり、税務上課税対象となる財産は、すべて相続開始時の時価により課税価額を計算するため、同法も「遺産に属する預貯金債権のうち相続開始の時の債権額の……」と規定をしているため、特に影響はないものと考えられます。

Study

新民法909条の２の規定は、税務実務に与える影響は特にないものと思われる。つまり、税務上課税対象となる財産は、すべて相続開始時の時価により課税価額を計算するため、同法も「遺産に属する預貯金債権のうち相続開始の時の債権額の（後略）」と規定をしているため、特に影響はないものと考えられる。

また、共同相続人の一人が同法により権利の行使をした預貯金債権は、当該共同相続人が遺産の一部の分割によりこれを取得したものとみされるが、具体的相続分の金額を超えて預貯金債権金額の払戻しを受けたとしても、その払い戻した預貯金債権の額が、具体的相続分を超過する場合は、その共同相続人はその超過部分を清算すべき義務を負うことになるので、税務上の問題は生じないものと考えられる。

ただし、この規定は、家庭裁判所の判断を経ないで、預貯金の払戻しを認めるものであるため、次の点について、留意をする必要がある。

① 各共同相続人は、遺産に属する預貯金債権のうち、一定の計算で求められる額（ただし、同一の金融機関に対する権利行使は、150万円を限度とする）については、他の共同相続人の同意がなくても単独で払戻しをすることができる。

② 一つの金融機関について上限額が定められているので、複数の金融機関に口座がある場合は、その複数分の上限額が増えることになる。

③ 「標準的な当面の必要生計費、平均的な葬式の費用の額その他の事情を勘案して」としているが、払戻しを求める預金の使途については定めていない。

④ 「当該権利の行使をした預貯金債権については、当該共同相続人が遺産の一部の分割によりこれを取得したものとみなす。」としているので、仮払いではない。

2　家事事件手続法の保全処分の要件を緩和する場合（新家事事件手続法200③）

> 新家事事件手続法200条３項
>
> 前項に規定するもののほか、家庭裁判所は、遺産の分割の審判又は調停の申立てがあった場合において、相続財産に属する債務の弁済、相続人の生活費の支弁その他の事情により遺産に属する預貯金債権（民法第466条の５第１項に規定する預貯金債権をいう。以下この項において同じ。）を当該申立てをした者又は相手方が行使する必要があると認めるときは、その申立てにより、遺産に属する特定の預貯金債権の全部又は一部をその者に仮に取得させることができる。ただし、他の共同相続人の利益を害するときは、この限りでない。

（1）改正の経緯

家事事件手続法200条に、３項が付け加えられ、仮払い制度等の創設とその要件が明確化された。

新民法909条の２により、当面の必要生計費、平均的な葬式の費用の額等に対応が可能となったが、それを超える資金需要がある場合、家事事件手続法200条２項を適用することも考えられるが「急迫の危険を防止するため必要があるとき」という厳しい要件があるため、新家事事件手続法200条３項の制度を加えたことにより、相続開始後の資金需要にも柔軟に対応ができるようになった。

ただし、同条は、預貯金債権の仮分割の仮処分は、家庭裁判所が遺産に属する預貯金債権を行使する必要があると認める場合であり、その必要性の判断は、家庭裁判所の裁量に委ねられ、ただし書により、「他の共同相続人の利益を害するときは、この限りでない。」として、そのような場合には、仮分割の仮処分をすることができないとしている。また、家庭裁判所に本案となる遺産分割の調停又は審判が係属している必要がある。

また、新民法909条の２と異なり、あくまで仮払いであるから、遺産の分割とはみなさない。

ケーススタディ　家事事件手続法の保全処分の要件緩和

Case1　新家事事件手続法200条３項の適用について

同居をしている母が亡くなりましたが、遺産分割前に母の借入金の返済をするために、亡くなった母の銀行預金口座から引き出したいと思います。また、新民法909条の２の適用により、一部葬儀費用として引き出していますが、新家事事件手続法200条３項の適用を受けることはできますか。また、その際に注意すべき事項について教えてください（新家事法200③）。

Answer

新家事事件手続法200条３項は、遺産の分割の審判又は調停の申立てがなされていることが前提となっていますが、家庭裁判所の判断でその必要があると認められるときは、その払戻しが認められます。また、新民法909条の２と新家事事件手続法200条３項の併用は可能です。

✍Study

新家事事件手続法200条３項では、預貯金債権について仮分割の仮処分について、

① 家庭裁判所は、

② 遺産の分割の審判又は調停の申立てがあった場合において、

③ 相続財産に属する債務の弁済、相続人の生活費の支弁その他の事情により遺産に属する預貯金債権（民法466条の５第１項に規定する預貯金債権をいう。以下この項において同じ。）を

④ 当該申立てをした者又は相手方が行使する必要があると認めるときは、

⑤ その申立てにより、遺産に属する特定の預貯金債権の全部又は一部をその者に仮に取得させることができる。

⑥ ただし、他の共同相続人の利益を害するときは、この限りでない、と規定をしている。

したがって、同条は、預貯金債権の仮分割の仮処分は、家庭裁判所が遺産に属する預貯金債権を行使する必要があると認める場合であり、その必要性の判断は、家庭裁判所の裁量に委ねられる。また、ただし書により、「他の共同相続人の利益を害するときは、この限りでない。」とし、仮分割の仮処分をすることができないとしている。また、家庭裁判所に本案となる遺産分割の調停又は審判が係属している必要がある。

Case2 新家事事件手続法200条３項の一般的注意事項

新家事事件手続法200条３項の適用を受ける際の、一般的な注意すべき事項について教えてください。

Answer

仮処分の申立てをした者に多額の特別受益がある場合には、他の共同相続人の具体的相続分[4]を侵害することがないように、その額を限定する必要があります。

---

4 具体的相続分とは、遺産分割の審判をする場合の基準になる、特別受益等を考慮して定められる金額である（最判平28.12.19大法廷）。

また、同条による仮分割の仮処分については、家庭裁判所はその申立てを受けた場合には、同法107条[5]により、共同相続人全員に対してその陳述を聴取するなどの手続を経た上で審判する必要があるため、仮分割の仮処分の審判を得るまでには、相応の日数を要することになります。

Case3　新家事事件手続法200条３項の税務上の注意事項

新家事事件手続法200条３項の適用を受ける際の、税務上の注意すべき事項について教えてください。

Answer

新家事事件手続法200条３項の適用は、預貯金債権に限られているため、相続開始時の被相続人の相続開始時の預貯金債権については、特別の事情がない限り、相続税の財産評価基本通達により、財産評価をすることになります。

Study

預貯金債権について、家庭裁判所は、遺産の分割の審判又は調停の申立てがあった場合に、相続財産に属する債務の弁済、相続人の生活費の支弁その他の事情により遺産に属する預貯金債権を行使する必要があるときは、他の共同相続人の利益を害しない限り、申立てにより、遺産に属する特定の預貯金債権の全部又は一部を仮に取得させることができるものとした。

したがって、新家事事件手続法200条３項の適用は、預貯金債権に限られているため、相続開始時の被相続人の相続開始時の預貯金債権については、特別の事情がない限り、相続税の財産評価基本通達により、財産評価をすることになる。

また、新民法909条の２では、標準的な当面の必要生計費、平均的な

5　家事事件手続法（陳述の聴取）107条　審判前の保全処分のうち仮の地位を定める仮処分を命ずるものは、審判を受ける者となるべき者の陳述を聴かなければ、することができない。ただし、その陳述を聴く手続を経ることにより保全処分の目的を達することができない事情があるときは、この限りでない。

葬式の費用の額その他の事情を勘案して預貯金債権の債務者ごとに法務省令で定める額を限度として、単独でその権利を行使することができるとしているので、葬式費用や当面の生活費の資金の需要には対応ができるように配慮がされている。そのため、家庭裁判所に新家事事件手続法200条３項の適用を受けるために、遺産の分割の審判又は調停の申立てを行った事由等について、相続財産に属する債務の弁済などの資金需要など、どのような理由によりこの手続を行ったかを慎重に検討をする必要がある。

Ⅲ　分割前遺産処分（新民法906条の２関係）

共同相続人の一人が遺産分割前に遺産に属する財産を処分した場合に、処分をしなかった場合と比べて取得額が増えるといった不公平が生ずることがないよう、これを是正する方策が設けられた。

（遺産の分割前に遺産に属する財産が処分された場合の遺産の範囲）

906条の２　遺産の分割前に遺産に属する財産が処分された場合であっても、共同相続人は、その全員の同意により、当該処分された財産が遺産の分割時に遺産として存在するものとみなすことができる。

２　前項の規定にかかわらず、共同相続人の一人又は数人により同項の財産が処分されたときは、当該共同相続人については、同項の同意を得ることを要しない。

１　改正の経緯

民法は、原則として、共同相続された相続財産について、民法898条は共同相続の効力について、「相続人が数人あるときは、相続財産は、その共有に属する。」と定め、共有とされた相続財産については、同法907条は遺産の分割の協議又は審判等により、「その協議で、遺産の全部又は一部の分割をすることができる。」等としている。

その分割の際には、さらに、同法903条の特別受益者の相続分、及び、同法904条の２の寄与分を考慮して、より公平に分割するのが好ましい。

ただし、遺産分割は、遺産分割時に実際に存在する財産について、共同相続人間で分割する手続であり、遺産分割時に存在しない財産については、遺産分割の対象とはならないものとされてきた（最高裁第一小法廷、昭和54. 2.22最高裁判所裁判集民事126号129頁、家庭裁判月報32巻1号149頁）。[6]

しかし、実務や裁判例[7]においては、遺産分割時に存在しない財産であっても、共同相続人全員の合意があれば、例外的にその財産を遺産分割の対象とする取扱いがされてきた。

また、旧法においては、共同相続人が遺産分割前に共有持分の処分をしても、それを特に禁止をする明文もなかったため不公平が是正されない場合があったが、新法906条の2では、「遺産の分割前に遺産に属する財産が処分された場合であっても、共同相続人は、その全員の同意により、当該処分された財産が遺産の分割時に遺産として存在するものとみなすことができる。」として、共同相続人の一人が遺産分割前に遺産に属する特定の財産を処分したとしても、処分をしなかった場合と比べて、不公平が生じることがないように新たに規定を設けた。

2 新民法906条の2と新民法909条の2との関係

新民法906条の2の改正により、遺産の分割前に遺産に属する財産が処分された場合の遺産の範囲について、「遺産の分割前に遺産に属する財産が処分された場合であっても、共同相続人は、その全員の同意により、当該処分された財産が遺産の分割時に遺産として存在するものとみなすことができる。」としている。

他方、新民法909条の2では、遺産の分割前における預貯金債権の行使について、「……単独でその権利を行使することができる。この場合に

6 最高裁第一小法廷、昭54. 2.22では、「共有持分権を有する共同相続人全員によって他に売却された右各土地は遺産分割の対象たる相続財産から逸出すると共に、その売却代金は、これを一括して共同相続人の１人に保管させて遺産分割の対象に含める合意をするなどの特別の事情のない限り、相続財産には加えられず、共同相続人が各持分に応じて個々にこれを分割取得すべきものである。」と判断をしている。

7 福岡高等裁判所那覇支部、平13. 4.26、判例時報1764号76頁、「相続財産である株式を相続人のひとりが他の共同相続人の承諾を得ることなく売却し、買主がこれを善意取得した場合には、右株式の売却代金を遺産分割の対象に含める合意をするなどの特段の事情が存しない限り、他の共同相続人は右の相続人に対し、遺産分割手続によることなく、各々不法行為に基づく損害賠償請求権を各法定相続分に応じて個々に分割取得する。」

おいて、当該権利の行使をした預貯金債権については、当該共同相続人が遺産の一部の分割によりこれを取得したものとみなす。」としている。

新民法906条の2の規定は、相続開始後で遺産分割協議前に遺産に係る財産が処分された場合における一般に関する規定であるのに対し、新民法909条の2の後段における規定は、遺産に属する預貯金債権について、共同相続人の単独によるその権利行使を認め、共同相続人がその権利行使をした場合について、当該共同相続人が遺産の一部の分割によりこれを取得したものとみなすという特則となる。よって、新民法906条の2の規定は、その特則規定となる新民法909条の2の規定が適用されない場合に、適用されることになる。

すると、金融機関の対応については、共同相続人の一人が新民法の規定により被相続人の預貯金債権の一部について払戻しを求めてきた場合には、新民法909条の2の適用により判断をすることになる。

しかし、共同相続人の一人が、被相続人のキャッシュカードによりATMから預貯金を払い戻した場合や、銀行等の窓口で自らが被相続人であるなどと偽って払戻しを受けた場合については、金融機関はこれらの払戻しが新民法909条の2の規定によるものとは判断できない（善管注意義務は必要）ため、これら場合には新民法906条の2の規定で考えざるを得ない。もともと、正式な預金の払戻し請求をしていないので、金融機関に責任はない。むしろ、相続人としての欠格条項に該当するケースもあり得る。相続人のこうした違法行為は、処分した財産が存在するものとして新民法906条の2でカバーすることになる。

ケーススタディ　分割前遺産分割

Case1 新民法906条の2関係の一般的注意事項

共同相続人の一人が遺産分割前に遺産に属する財産を処分した場合に、一般的な注意すべき事項について教えてください（新民法906の2関係）。

Answer

共同相続人の一人が、遺産分割前に遺産に属する財産を処分した場合、その処分をした共同相続人全員の同意がある場合には、その処分された財産は遺産の分割時に存在するものとみなして、遺産分割協議で遺産として取り扱うことができるようになりました。この際には、その処分をした共同相続人の同意は不要となります。

✍Study

新民法906条の2第1項は、「遺産の分割前に遺産に属する財産が処分された場合であっても、共同相続人は、その全員の同意により、当該処分された財産が遺産の分割時に遺産として存在するものとみなすことができる。」と規定し、遺産分割前に遺産に属する財産を、共同相続人、又は、共同相続人以外の第三者が処分をした場合についても、その処分された財産が存在するものとみなして、この適用ができるとしている。

ただし、同条2項は、「前項の規定にかかわらず、共同相続人の一人又は数人により同項の財産が処分されたときは、当該共同相続人については、同項の同意を得ることを要しない。」と規定し、その財産の処分を行ったものが、共同相続人以外の第三者である場合には、この規定の適用がないとしている。これは、その財産の処分を行ったものが第三者の場合には、共同相続人の誰かが利得をするという不公平が生ずるという関係にないため、同項の規定の適用をする必要がないためである。もちろん、処分をした第三者に対して、不法行為に基づく損害賠償の請求や不法利得返還請求を行使することになるだろう。

同項は、むしろ、勝手に処分をしてしまった相続人本人の同意はいらないということである。

新民法906条の2第1項は、「……共同相続人は、その全員の同意により……」と規定しているため、共同相続人の全員の同意が成立した時点で、当該処分された財産が遺産の分割時に遺産として存在するものとみなすとしている。この「同意」については、特段の措置を設けていないため、原則として同意の撤回はできないものと考えられる。

Case2 新民法906条の２関係の税務上の注意事項

遺産の分割前に遺産に属する財産が処分された場合（新民法906の２）の、税務上の注意すべき事項について教えてください。

Answer

相続税法上は、遺産分割前に遺産に属する財産が処分されたとしても、その処分された遺産が課税対象となります。

また、相続税の申告に用いる分割前に処分をした相続財産の評価額は、特別の事情がない限り、相続税の財産評価基本通達によることになり、実務上は特に問題は生じないものと考えられます。

✍Study

新民法906条の２は、遺産の分割前に遺産に属する財産が処分された場合の遺産の範囲ついて、「遺産の分割前に遺産に属する財産が処分された場合であっても、（中略）当該処分された財産が遺産の分割時に遺産として存在するものとみなすことができる。」としている。

ここで問題となるのは、処分をされた遺産の評価額をどうするかということである。遺産の分割前に遺産に属する財産が処分された場合には、その全員の同意により、当該処分された財産が遺産の分割時に遺産として存在するものとみなすことになるが、遺産分割に含めるべき財産の評価金額については、当該譲渡により得た売却代金（代償財産）とするということも考えられる。しかし、その譲渡をした財産の対価が無償である場合、又は、有償でも相当な対価を得ていない場合には、その損失の額を他の共同相続人も被ることも考えられる。したがって、新民法906条の２により処分がされた遺産について、精算義務が行われる場合には、その権利行使をした財産の評価金額は、その代償財産ではなく、鑑定等による適正な価額により遺産分割の対象とするのが相当と考えられる。

ただし、この場合の相続税の申告に用いる分割前に処分をした相続財産の評価額は、特別の事情がない限り、相続税の財産評価基本通達によることになり、実務上は特に問題は生じないものと考えられる。

また、相続税法11条の２（相続税の課税価格）では、「当該相続又は遺贈により取得した財産の価額の合計額をもつて、相続税の課税価格とする。」とし、「当該相続又は遺贈により取得した財産でこの法律の施行地にあるものの価額の合計額をもつて、相続税の課税価格とする。」と規定をしていることから、遺産分割前に遺産に属する財産が処分されたとしても、相続税法上はその処分された遺産が課税対象となる。

Ⅳ　遺産の一部分割（新民法907条関係）

共同相続人が、遺産の一部について、協議により分割することができることを明文化し、その協議が調わないとき、又は協議することができないときは、各共同相続人は、他の共同相続人の利益を害するおそれがある場合を除き、家庭裁判所に、遺産の一部について分割をするよう請求することができるものとした。

（遺産の分割の協議又は審判等）
907条　共同相続人は、次条の規定により被相続人が遺言で禁じた場合を除き、いつでも、その協議で、遺産の全部又は一部の分割をすることができる。
２　遺産の分割について、共同相続人間に協議が調わないとき、又は協議をすることができないときは、各共同相続人は、その全部又は一部の分割を家庭裁判所に請求することができる。ただし、遺産の一部を分割することにより他の共同相続人の利益を害するおそれがある場合におけるその一部の分割については、この限りでない。
３　前項本文の場合において特別の事由があるときは、家庭裁判所は、期間を定めて、遺産の全部又は一部について、その分割を禁ずることができる。

１　改正の経緯

旧民法907条では、法文上、一部分割が許容されているか否かが明確でなかったため、新民法907条では、どのような場合に一部分割をすることができるかについて、明文の規定を設けることにした。

よって、新民法907条1項は、遺産の「全部又は一部」の分割をすることができるとし、共同相続人間の協議による一部分割が可能であることを明らかにした。

また、同法2項では、「遺産の分割について、共同相続人間に協議が調わないとき、又は協議をすることができないときは、各共同相続人は、その全部又は一部の分割を家庭裁判所に請求することができる。」として、一定の要件のもとに、その全部又はその一部のみの分割を家庭裁判所に求めることができることを明らかにした。

また、同法同項のただし書において、「遺産の一部を分割することにより他の共同相続人の利益を害するおそれがある場合におけるその一部の分割については、この限りでない。」として、家庭裁判所は、その一部分割の請求を却下することができるとした。

2　具体的取扱い

新民法907条の改正により、遺産の範囲等について相続人間で訴訟等による争いがある場合において、他の争いのない遺産について相続人間で先に分割をしたい旨の希望等がある場合には、新民法907条の規定の適用により、遺産の一部分割が可能[8]となる。

また、同項ただし書きにより、多額の生前贈与の有無などの諸事情を勘案して、「遺産の一部を分割することにより他の共同相続人の利益を害するおそれがある場合[9]」には、家庭裁判所は一部分割の請求を却下すること

8　「遺産の一部分割が可能」について、中間試案後に追加された民法（相続関係）等の改正に関する試案（追加試案）の補足説明の27頁では、「一般には一部分割によって遺産全体についての適正な分割が不可能にならない場合に許容されるものと解されており、具体的には，特別受益等について検討し、代償金、換価等の分割方法をも検討した上で、最終的に適正な分割を達成し得るという明確な見通しが得られた場合に許容されるものと考えられ、一部分割においては具体的相続分を超過する遺産を取得させることとなるおそれがある場合であっても、残部分割の際に当該遺産を取得する相続人が代償金を支払うことが確実視されるような場合であれば、一部分割を行うことも可能であると考えられる。」としている。

9　「他の共同相続人の利益を害するおそれがある場合」について、民法906条は、遺産の分割の基準として「遺産の分割は、遺産に属する物又は権利の種類及び性質、各相続人の年齢、職業、心身の状態及び生活の状況その他一切の事情を考慮してこれをする。」と規定しているので、この基準に従って行うべきものとされている。

ができる[10]としている。

一般的に、同条の「遺産の一部分割が可能」については、一部分割によって遺産全体についての適正な分割が不可能にならない場合に、許容されるものと解され、「他の共同相続人の利益を害するおそれがある場合」については、民法906条は遺産の分割の基準として「遺産の分割は、遺産に属する物又は権利の種類及び性質、各相続人の年齢、職業、心身の状態及び生活の状況その他一切の事情を考慮してこれをする。」と規定しているので、この基準に従って行うべきものとされている。

３　注意事項

審判によって一部遺産分割をすることができる要件について、昭和46年12月7日大阪高等裁判所（家庭裁判月報25巻1号42頁、判例タイムズ289号404頁）は、「遺産分割につき、遺産の範囲に争があって訴訟が係属しているような場合でも、遺産の一部の分割により、民法906条[11]の分割基準による適正妥当な分割の実現が不可能になるようなときでない限り、遺産の一部の分割も許されると解される。」としている。

---

10 「家庭裁判所は一部分割の請求を却下することができる」について、中間試案後に追加された民法（相続関係）等の改正に関する試案（追加試案）の補足説明の27頁では、「一部分割をすることによって，最終的に適正な分割を達成し得るという明確な見通しが立たない場合には、当事者が遺産の一部について分割をすることを合意したとしても、家庭裁判所は一部分割の審判をするのは相当ではなく，当該一部分割の請求は不適法であるとして、却下するのが相当であるといえる。
　そこで、当事者から一部分割の請求があった場合においても、遺産の一部について分割をすることにより、共同相続人の一人又は数人の利益を害するおそれがあるときは、一部分割の請求を不適法とし、家庭裁判所は，その請求を却下しなければならないこととしている。」としている。さらに、「裁判所としては、一部分割をすることにより、共同相続人の一人又は数人の利益を害すると認めるときは、直ちに却下するのではなく、釈明権を行使して、当事者に申立ての範囲を拡張しないのか否か確認をするという運用になるものと思われる。」としている。

11 民法906条（遺産の分割の基準）遺産の分割は、遺産に属する物又は権利の種類及び性質、各相続人の年齢、職業、心身の状態及び生活の状況その他一切の事情を考慮してこれをする。

ケーススタディ　遺産の一部分割

Case1 新民法907条関係の税務上の注意事項

遺産の一部分割（新民法907条関係）ついて、税務上注意すべき事項について教えてください。

Answer

新民法 907 条関係については、一部分割が可能である旨が明文化されたものです。したがって、一部分割については、実務上、従前から多く用いられている方法のため、税務上は大きく影響を受けることはないと思われます。

✍Study

旧民法907条１項は、共同相続人は、いつでも協議で「遺産の分割をすることができる」と規定しているものを、新民法907条１項で「遺産の全部又は一部の分割をすることができる」と改め、共同相続人は遺産についての処分権限があり、いつでも遺産の一部を全体の遺産から分離させて、分割をすることができるものを明らかにしたものである。

また、新民法907条２項についても、遺産分割について共同相続人間の協議が調わない場合に、共同相続人は、その全部又は一部の分割を家庭裁判所に求めることができることを明らかにしたものである。

したがって、一部分割が可能である旨が明文化されたものであり、一部分割については、実務上、従前から多く用いられている方法のため、税務上は大きく影響を受けることはないと思われる。

〈参考〉遺産の一部分割と未分割の税務について

1　〈遺産の一部が分割された場合と残余の遺産が未分割の場合の税務上の取扱いについて〉

新民法909条の２の権利行使により、預貯金債権の一部が未分割の場合には、相続税法55条の規定により、その未分割財産は民法の規定による相続分に従って取得したものとして、その課税価格を計算することになる。

ただし、その後、これと異なる割合で遺産の分割が行われた場合には、その分割された内容に従って課税価格の計算をやりなおして、その分割に基づいて申告書の提出、更正の請求又は更正若しくは決定をすることができる。

（相法32①一、55）

2　〈遺産分割が行われていない場合の各種特例の適用手続〉

・相続税の申告期限までに遺産分割が行われていなければ、小規模宅地等の課税価格の特例及び配偶者の税額軽減の特例等を受けることができない。

・相続税の申告期限内に遺産分割が行われることが適用要件の一つとされている課税の特例の適用については、当初申告時にはその特例の適用を受けることはできないが、相続税の申告書に「申告期限後３年以内の分割見込書」を添付して提出し、相続税の申告期限から３年以内に分割された場合には、特例の適用を受けることができる。この場合、分割が行われた日の翌日から４か月以内に「更正の請求」を行うことができる。

・相続税の申告期限の翌日から３年を経過する日において相続等に関する訴えが提起されているなど一定のやむを得ない事情がある場合において、申告期限後３年を経過する日の翌日から２か月を経過する日までに、「遺産が未分割であることについてやむを得ない事由がある旨の承認申請書」を提出し、その申請につき所轄税務署長の承認を受けた場合には、判決の確定の日など一定の日の翌日から４か月以内に分割されたときに、これらの特例の適用を受けることができる。適用を受ける場合は、分割が行われた日の翌日から４か月以内までに「更正の請求」を行うことができる。

（相法19の２、32、措法69の４、相令４の２、措令40の２、相規１の６、措規23の２）

〈参考資料〉

・法制審議会民法（相続関係）H29. 7.18「中間試案後に追加された民法（相続関係）等の改正に関する試案（追加試案）の補足説明」
・法制審議会民法（相続関係）部会第26回会議（平成30年1月16日開催）部会資料26－1
・堂薗幹一郎・神吉康二編著『概説　改正相続法』（金融財政事情研究会、2019年4月）
・堂薗幹一郎・野口宣大編著『一問一答　新しい相続法』（商事法務、2019年3月）
・吉田修平・森川紀代著『新しい相続実務の徹底解説』（青林書院、2019年9月）、ほか

〔中山眞美〕

〈コラム7〉

遺産分割協議前に相続人が死亡

被相続人の遺産相続が開始したあと、「遺産分割協議」や「相続登記」を行わないうちに相続人の１人が死亡してしまい、次の遺産相続が開始されてしまうことを「数次相続」という。これと混乱しやすいのが代襲相続である。被相続人が亡くなった時点で既に相続人が亡くなっているのが「代襲相続」であり、被相続人が亡くなった時点ではまだ相続人が生きていて、その後亡くなるのが「数次相続」である。

被相続人が亡くなった時点ではまだ相続人が生きていて、その後亡くなる場合でも、「数次相続」と必ずなるわけではなく、「再転相続」になる場合もある。「再転相続」は、法定相続人が、第１の相続を承認するか放棄するか選択する前に亡くなる場合をいうのに対し、「数次相続」は、法定相続人が第１の相続について承認するという選択をしたものの、具体的な遺産分割を行う前に亡くなってしまった場合をいう。相続についての承認とは、相続人らが相続の承認を自ら選択する場合と、限定承認や相続放棄の熟慮期間（民915）が経過してしまい法律上承認したとみなされる場合も含む。

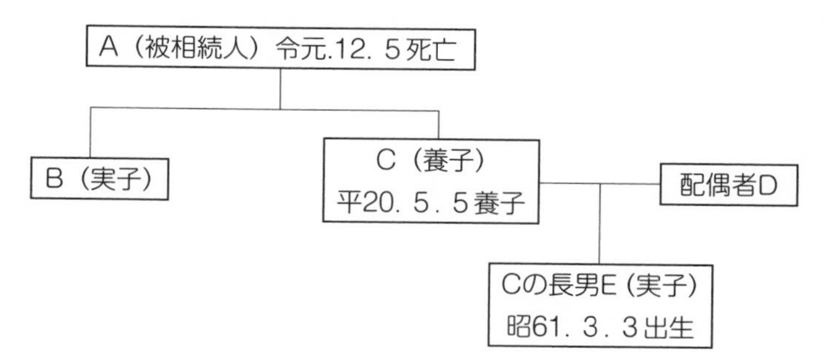

①ケース１（CがAの死亡前に亡くなっている場合）

配偶者Dは相続人になれない。長男EもCの養子縁組前に出生しているので代襲相続人になれない。したがって、Aの相続人はBのみとなる。

②ケース２（CがAの死亡後に亡くなった場合）再転相続のケース

配偶者Dは夫Cの相続権を相続するので相続人になる。長男Eも父Cの相続権を相続するので相続人になる。したがって、B1/2、D1/4、E1/4の法定相続分になる。

このケースは、再転相続なので、Aの債務が気になるのでAの相続を放棄して、Cの相続だけ承継することは可能であるが、Cの相続を放棄して、Aの相続のみ承継することはできない。

③ケース３（第１次のAの遺産分割が成立して、登記未了の数次相続の場合）

第1次の相続登記を中間省略できるかという問題がある。つまり、第2次の相続登記が控えているのだから……。この場合、１次相続が単独相続（Aの不動産をCが単独で相続した物件）の場合は、第２次相続でDかEが取得するのでわざわざ2回登記しなくても最終的にDかEが相続した年月日で登記することができる（昭和30年12月16日付民事甲第2670号民事局長通達）ことになっている。

その後、相続登記をしないまま何世代にもわたり相続が発生してしまって、いわゆる所有者不明土地問題を解消しようと、法務省は、新たに「平成29年３月30日法務省民二第237号」により、相続人全員の署名押印があれば、中間の相続の取得者が単独であったか否か必ずしも明白ではない場合であっても、直接の相続登記を可能とした（１件の申請で可能）。

この法務省の取扱いの変更にあわせて、平成30年度税制改正により、「個人が相続（相続人に対する遺贈を含む）により土地の所有権を取得した場合において、当該個人が当該相続による当該土地の所有権の移転の登記を受ける前に死亡したときは、平成30年４月１日から令和３年３月31日までの間に当該個人を当該土地の所有権の登記名義人とするために受ける登記については、登録免許税を課さない（措法84の２の３①）。」と税制改正した。

これにより、免除期間であれば、Aの相続登記でBとCの共有物権に関しても、Cの登録免許税を免除する形で、Bのために早期登記することもできるようになった。

・被相続人の相続（第一次相続）について、第一次相続に係る配偶者以外の共同相続人によって死亡した配偶者の取得した財産として確定させたものがあるときは、その配偶者が取得したものとして、配偶者に対する税額軽減規定を適用する（相基通19の２－５）。
・第一次相続に係る遺産のうちに小規模宅地等の特例の対象となる宅地等があり、その遺産分割前に共同相続人が死亡した場合において、その死亡した者以外の共同相続人が特例対象宅地等を死亡した者が取得したものとして確定させたときは、その宅地等は、死亡した者が分割により取得したものとして同特例の適用を認めることとしている（措通69の４－25）。
・死亡した配偶者が夫の遺産を取得したもの（第一次相続）として計算される相続税額について、子である相続人（第二次相続）において、債務控除（相令３①二）及び相次相続控除（相法20）が適用できる。

〈コラム8〉

相続分の譲渡に対する課税

「相続分の譲渡」は、遺産分割と異なり、相続人全員の合意を要せず、譲渡人と譲受人との間の合意のみによって行うことができる。ただし、他の相続人に相続分の譲渡を、「相続分譲渡届出書」に譲渡先名を記載して知らせるべきである。

どのような場合に、相続分を譲渡しようとするのであろうか。無償で譲渡しようとする場合は、共同相続人間の争いに巻き込まれたくないので遺産分割協議に参加したくないとか、共同相続人の中の特定の者に対して財産を取得させたくないのでそれを代弁してもらいたいとか、相続放棄すると他の相続人へ相続分が移転しまうのでそれを避けるためとかが考えられる。これに対して、有償で譲渡しようとする場合は、現物の財産取得に代えて早急に金銭で取得したい場合等が考えられる。

相続分の取戻権（民905：共同相続人の一人が遺産の分割前にその相続分を第三者に譲り渡したときは、他の共同相続人は、その価額及び費用を償還して、その相続分を譲り受けることができる。この権利は、一箇月以内に行使しなければならない）この相続分とは、遺産の中の特定の財産又は権利に対する持分ではなく、相続財産全体（積極財産のみならず消極財産をも含む）に対する分数的割合とみることとなる（最判昭53. 7.13判例時報908号41頁）。したがって、相続分の譲受人は、相続分の取得により遺産共有者としての地位を取得し、共同相続人以外の第三者であっても、遺産分割に参加する権利を取得することとなる。なお、共同相続人以外の第三者である包括受遺者も同様に遺産分割協議に参加できる。

このような、相続分の譲渡に対して、相続税法はどう考えるかというと、「相続分の譲渡は譲渡時に効力を生じ、その効力はさかのぼらないと解するのが相当であり、遺産分割の遡及効はそのまま適用されるわけではなく、相続分譲受人は、譲渡人が相続人たる地位において承継取得した財産を、譲渡人から承継取得したことになる。（中略）共同相続人ではない相続分譲受人が相続財産の持分を取得するのは、相続によるものではなく、相続分の譲渡という人為的な行為によるものであり、その財産取得の際に相続税が課せられる理由はない。（中略）相続人らに対する相続税の原因事実は、相続開始による財産の取得という事実であり、納税者らに対する贈与税の原因事実は、相続人らから財産の贈与を受けた事実であって、それぞれ異なった事実に対する課税であるから、同じ事実に二重の課税がされているわけではない。」（東京高判平17.11.10；最高裁平18. 5.22上告不受理）と判示した。つまり、相続権を譲渡した相続人には、譲受人が遺産分割協議で取得した分の相続税を課税し、譲受人には贈与税を課税するということである。

「遺産分割の再分割」についても、民法上は、「共同相続人全員の合意解除であれば再分割は法律上妨げられない」（最判平２．９.27民集44巻６号995頁）と認めているのに対して、課税上は贈与税の対象にしている（相基通19の２－８）。もっとも、当初の遺産分割が無効又は取消しすべき原因があるとされ、遺産分割をやり直した場合にまで贈与税が課税されることはないだろうが、きちんとなれ合いの再分割ではないことを立証すべき資料をととのえておくべきである。

「遺産分割の再分割」が民法上認められなかった（最判平元．２．９民集43巻２号１頁）事件もある。代償分割の代償債務を履行しなかったため再分割をしようとしたものだったが、裁判所は「遺産分割はその性質上協議の成立とともに終了し、その後は右協議において右債務を負担した相続人とその債権を取得した相続人間の債権債務関係が残るだけと解すべきであり、しかも、このように解さなければ民法909条本文により遡及効を有する遺産の再分割を余儀なくされ、法的安定性が著しく害されることになるからである。」と判示して遺産の再分割を認めなかった。

似たような租税訴訟事件で、大阪高判（平27．３．６）の事件がある。「代償金を支払わない上、自己の相続税を滞納したため、連帯納付義務の履行を求められるに至った控訴人らが、丁との間で上記遺産分割協議を解除した上で再度遺産分割協議を行い、その結果、控訴人らはいずれも相続財産を取得しないことになったと主張して、それぞれ当初の相続税の更正の請求をしたのに対し、更正をすべき理由がないとされた」ものである。

このようなトラブルもある「代償分割」であるので、代償債務を一括で支払えないリスクがあるときは、事前に代償金相当額に抵当権を設定して、プレッシャーをかけておくのもいいかもしれない。

〈コラム9〉

建築中の建物、あるいは完成したばかりの建物の相続税評価

①建物を建築中に依頼主が死亡した場合

請負契約に係る建築中の家屋は、「建築中の家屋の評価」の定め（財基通91）により評価する。すなわち、工事の進捗度合に応ずる費用現価の７０％相当額の評価とする。この場合に、進捗度合より多く請負業者に支払っていた部分は、前渡金として別途相続財産に加え、逆に、進捗度合より請負業者への支払が遅れている部分があれば、未払金として債務控除をすることになる。

②年の初めに建物の建築が完成し、完成直後に依頼主が死亡した場合

相続の申告期限が年内の場合、家屋の固定資産税評価額が付されていない状態で申告をしなければならなくなる。この場合、上記①の建築費総額の70％で評価するのが無難であるが、翌年の固定資産税評価額が付された金額と比較するとあまりにも高く愕然とする。ただし、財産評価基本通達に基づいて自ら申告した場合は、翌年の固定資産税評価額に基づく更正の請求は原則無理であろう。

次に考えられるのは、所有権の保存登記を済ませている場合、登録免許税から逆算する方法である。司法書士に確認すると、「東京法務局管内新築建物課税標準価格認定基準表」（建物の構造が木造かレンガ造・コンクリートブロック造か、軽量鉄骨造か、鉄骨造か、鉄筋コンクリート造かで区分けし、さらに居宅か、共同住宅か、店舗・事務所か、工場・倉庫か等に区分けして１㎡当たりの単価を記載した基準表）なるものがあり、この基準表の単価に総床面積を乗じて建物の評価を算出し、それに税率を乗じて登録免許税額を計算しているとのことである。この評価額は、建築費総額の70％に比して確かに低いが、相続税の評価にそのまま使えるだろうか。構造や用途の類似する近隣の新築家屋の固定資産税評価額も参照したうえで判断すべきかと思う。

最適と思われる評価方法は、所有権保存登記を済ませた登記事項証明書を所轄の都税事務所に提示し、固定資産評価委員に新築家屋の評価を急ぐよう促す方法である。役所も不動産取得税の算定を早めることにもつながるので、協力的に対応してくれるはずである。そして、結果的に、このようにして定められた評価額が最も低くなるはずである。

第6章

持戻し免除の意思表示の推定と税務

Ⅰ　民法の「持戻し」とは

持戻しとは、「共同相続人の中の一人又は数人が被相続人から婚姻、養子縁組のため、若しくは生計の資本としての生前贈与又は遺贈を受けているときは、その価額を遺産分割の計算の際に計算に入れなければ衡平を欠くことになる。けだし、これらの贈与とか遺贈とかの対象となった財産はそもそも遺産に属していたが、被相続人は特別受益者に対し相続分の前渡という趣旨で贈与又は遺贈をなす場合が多いので、これらの生前贈与分とか遺贈分を除外して相続分を算定するとすれば、遺贈、贈与分だけ余計にもらった相続人は全然もらわなかった相続人よりも有利になるし、また、事情によっては、被相続人の意思にも反することになる。そこで、これらの遺贈、生前贈与の対象となった特別受益をば相続開始の時に現状のままであるものと想定し、それらを遺産の中に回復せしめる操作がなされる。」（谷口知平、他編『新版注釈民法（27）相続（２）』（有斐閣、1989年）210頁）ことをいう。すなわち、相続において、相続人間の衡平と被相続人の意思を尊重する制度と理解される。

これに対し、相続税法に規定する、「３年以内加算」は、贈与税が相続税の補完税といわれるように、生前に相続財産となるべき財産が贈与等により分散されることになれば相続税の公平な執行を阻害し、生前に贈与を行った者とそうでない者との間に著しく不公平が生じる。そのため相続税法は、相続税の課税価格の計算上相続開始前３年以内の贈与財産を相続税の課税価格に加算することとしたものと理解されている。

Ⅱ　民法の持戻し制度の具体的内容と相続税法との相違

1　民法における持戻しの対象財産と特別受益

持戻しの対象財産は、「婚姻若しくは養子縁組のため若しくは生計の資本」（民法903）であるが、「要するにある程度の高額な贈与は原則として全て対象となると考えるべきである。」（内田貴『民法Ⅳ 補訂版　親族・相続』（東京大学出版会、2014年）384頁）通常の扶養に係る支出は、親族間の扶養義務の履行であるから特別受益に該当しないと考える。なお「成年になって働こうと思えば働けるのに親がかりの生活を続けていた息子の場合」（内田貴『民法Ⅳ 補訂版　親族・相続』（東京大学出版会、2014 年）384 頁）、特別受益に該当すると考える。

特別受益は、被相続人の意思に基づいてなされるものであるから、その意図が明確に相続分以上に特別の利益を与えることも遺留分制度に反しない限りなし得ること（谷口知平、他編『新版注釈民法（27）相続（２）』（有斐閣、1989 年）240 頁）は当然である（持戻免除)。

持戻免除の意思表示は、特別の方式を必要としないと解されているが、明確な意思表示がない場合はその贈与の当事者の生活関係等を総合勘案してその意思を推定することになると考えられる。

居住用不動産の贈与は、「婚姻期間が 20 年以上の夫婦の一方が他の一方に対して居住用不動産の贈与をする場合には、その贈与等は、通常相手方配偶者の長年の貢献に報いるとともに、相手方配偶者の老後生活保障を厚くする趣旨でされたものと考えられる。」（堂薗幹一郎ほか『一問一答新しい相続法』（商事法務、2019 年）57 頁）から、被相続人の意思は、その贈与について、多くの場合、持戻免除の意思を有しているものと考えられる。

そのため、改正後の民法 903 条 4 項は当該遺贈又は贈与について持戻免除の意思表示をしたものと推定することとした。

「居住用不動産」には、当該不動産を取得するのに要する金員も一定の期間内に取得した事実があれば該当するものと考えられる。いったん居住用不動産の所有権を取得した後に、登記原因を贈与として所有権移転登記を行うのは煩雑であるし、課税実務とも一致するからである。

また、店舗兼居宅の場合、その居住用部分のみ免除の意思を推定することは被相続人の意思に反することが考えられ、一方、その建物の構造、用途から明らかに非居住用部分の床面積が大きい場合なども想定されるので、個別具体的に判断するものと考えられる。

2　相続税法等における持戻しの対象財産と特別受益の取扱い

相続税法は、相続又は遺贈（死因贈与を含む。以下、本稿において同じ）により相続財産を取得した者が相続開始前３年以内に受贈した財産がある場合、その財産が特別受益に該当するか否かを問わず課税価格に算入することとされている（相法 19）。ここにいう居住用不動産とは、次のように取り扱われている（相基通 21 の６－１）。

なお、相続税法に規定する居住用財産に係る配偶者控除の適用要件は、婚姻期間が 20 年以上であることは民法の居住用不動産に係る持戻し免除と同じであるが、民法においては遺贈も含み価額の制限はないことに留意すべきである。

（１）店舗兼居宅及びその敷地については、専ら居住の用に供している建物部分及びそれに対応する敷地を居住用不動産として取り扱い、居住の用に供している部分が90％以上であるときは全部が居住用不動産に該当する。

下表のとおり建物の利用状況に応じて土地の利用状況を算出し、それぞれの利用状況に対応する価額を算出する。下表の例の建物の居住用部分の価額は 500 万円× 100 ／ 150 ≒ 333 万円、土地の居住用部分の価額は 3,200 万円× 160 ／ 240 ≒ 2,133 万円と算出される。

資産の種類	面積等	価額	居住用部分	非居住用
建　　物	150㎡	500 万円	100㎡	50㎡
土　　地	240㎡	3,200 万円	160㎡	80㎡

また、建物及び土地の持分を受贈する場合は、その持分の価額は上記の例に従って評価した価額にその持分を乗じた価額となる。

（２）居住用不動産のうち土地のみを受贈した場合であっても、居住用家屋の所有者が受贈配偶者の配偶者又は当該受贈配偶者と同居するその者の親族であるときも居住用不動産に該当する。

なお、一方の配偶者が借地して当該借地上に居住用家屋を所有している場合若しくは受贈配偶者の親族が建物を所有し同居している場合に、その借地権の敷地の、いわゆる底地を取得するために配偶者に資金を贈与し、当該底地を取得した場合も居住用不動産の取得に該当する。

このような場合、従前の借地権者との間に地代の授受がなされない場合には、一般的には借地権が消滅し、底地の所有者は用益権の付着していない所有権を取得することとなり、贈与税課税を受けることになる。

ただし、「借地権者の地位に変更がない旨の申出書」を提出すれば、その借地権については贈与がなかったものと取り扱われる（昭和48年11月1日付直資2－189ほか二課共同「使用貸借に係る土地についての相続税及び贈与税の取扱について」通達の記の5）。

（3）受贈配偶者の取得した信託に関する権利（法人税法2条29号（定義）に規定する集団投資信託、同条29号の2に規定する法人課税信託又は同法12条4項1号に規定する退職年金等信託の信託財産及び受益者等が存しない信託を除く）で、当該信託に属する土地等又は建物が居住用不動産に該当するもの及び委託者である配偶者が居住用不動産を取得するための金銭を受贈し、当該金銭により信託財産として土地等又は家屋は居住用不動産に該当する（相基通21の6－9）。

これに加え、相続税法21条の4は、特定障害者及び障害者が、信託会社等の営業所、事務所その他これらに準ずるものでこの法律の施行地にあるものにおいて当該特定障害者を受益者とする特定障害者扶養信託契約に基づいて当該特定障害者扶養信託契約に係る財産の信託がされることにより信託受益権を有することとなる場合において、当該信託受益権でその価額のうち6,000万円若しくは3,000万円までの金額に相当する部分の価額については、贈与税の課税価格に算入しない旨規定し、同法19条は同法21条の4の適用を受けるものを除外しているので、この場合にも当該贈与が相続開始前3年以内になされても相続税の課税価格に算入されないこととなる。

また、相続又は遺贈により相続財産を取得した者が、「直系尊属から住宅取得資金の贈与を受けた場合の贈与税の非課税」（措法70の2）、「直系尊属から教育資金の一括贈与を受けた場合の贈与税の非課税」（措法70条の2の2）及び「直系尊属から結婚・子育て資金の一括贈与を受けた場合の贈与税の非課税」（措法70の2の3）の適用に係る財産を相続開始3年以内に受けている場合であっても、これらの規定が非課税とする範囲の財産の価額は相続税の課税価格に算入されない。

3　民法における生命保険金・死亡退職金

次に法律原因として直ちに遺贈・贈与と解されない生命保険金と死亡退職金について検討し、特別受益者の範囲について検討する。

（1）生命保険金

生命保険金は、生命保険会社との生命保険契約に基づき相続人が取得する。したがって、「死亡保険請求権は、被保険者が死亡した時に初めて発生するものであり、保険契約者の払い込んだ保険料と等価関係に立つものではなく、被保険者の稼働能力に代わる給付でもないのであるから、実質的に保険契約者又は被保険者の財産に属していたものとみることはできない」（最決平 16.10.29）。しかしながら、生命保険契約に係る保険料の支払が高額で、預金等を取り崩しているような場合には、相続人間に著しく公平を害することとなる。そのため、「死亡保険金請求権の取得のための費用である保険料は、被相続人が生前保険者に支払ったものであり、保険契約者である被相続人の死亡により保険金受取人である相続人に死亡保険金請求権が発生することなどにかんがみると、保険金受取人である相続人とその他の共同相続人との間に生ずる不公平が民法 903 条の趣旨に照らし到底是認することができないほどに著しいものであると評価すべき特段の事情が存する場合には同条の類推適用により、当該死亡保険金請求権は特別受益に準じて持戻しの対象となると解するのが相当である。

上記特段の事情の有無については、保険金の額、この額の遺産の総額に対する比率のほか、同居の有無、被相続人の介護等に対する貢献の度合いなどの保険金受取人である相続人及び他の共同相続人と被相続人との関係、各相続人の生活実態等の諸般の事情を総合考慮して判断すべきである。」（最決平 16.10.29）と判示している。

したがって、判示された特段の事情があると認められるような場合には、生命保険金も持戻しの対象となると考えられることに留意しなければならない。

（2）死亡退職金

死亡退職金は①遺族の生活保障を目的として受給権者に与えられるもの、あるいは②賃金の後払で労働者に支払われるべきものとする考え方があり（法令用語研究会編『法令用語辞典　第３版』（有斐閣、2006 年）903 ～ 904 頁)、①では相続財産ではなく受給権者の固有の権利と、②では賃金の後払で労働者に支払われるべきものであり相続財産とするものと考えられる。

退職金の「受給権者が詳細に定められていて、それが相続人と異なっている場合（最近ではそのようなものが多い)、多くの下級審裁判例は受給権者固有の権利とみている。最高裁も、最判昭和 50 年 11 月 27 日（民集 34 － 6 － 815 日本貿易振興会の退職金支給規定が争われた）がそのような立場をとった」(内田貴『民法Ⅳ 補訂版　親族・相続』(東京大学出版会、2014 年）151 頁)。いずれにしても、死亡退職金が特別受益に該当するか否かは画一的に取り扱うことができないことに留意すべきである。

４　相続税法における生命保険金・死亡退職金の取扱い

相続税法３条は、保険金等について概要次のとおり規定している。当該保険金等の受領者が相続人であるときは当該財産を相続により取得したものとみなし、相続人以外の者であるときは当該財産を遺贈により取得したものとみなすとしている。

①　被相続人の死亡により相続人その他の者が生命保険契約(共済を含む。以下同じ）の保険金を取得した場合においては、当該保険金受取人について、当該保険金のうち被相続人が負担した保険料の金額の当該契約に係る保険料で被相続人の死亡の時までに払い込まれたものの全額に対する割合に相当する部分

②　被相続人の死亡により相続人その他の者が当該被相続人に支給されるべきであった退職手当金、功労金その他これらに準ずる給与（政令で定める給付を含む）で被相続人の死亡後３年以内に支給が確定したものの支給を受けた場合においては、当該給与の支給を受けた者について、当該給与

③　相続開始の時において、まだ保険事故が発生していない生命保険契約で被相続人が保険料の全部又は一部を負担し、かつ、被相続人以外の者

が当該生命保険契約の契約者であるものがある場合においては、当該生命保険契約の契約者について、当該契約に関する権利のうち被相続人が負担した保険料の金額の当該契約に係る保険料で当該相続開始の時までに払い込まれたものの全額に対する割合に相当する部分

④　相続開始の時において、まだ定期金給付事由が発生していない定期金給付契約で被相続人が掛金又は保険料の全部又は一部を負担し、かつ、被相続人以外の者が当該定期金給付契約の契約者であるものがある場合においては、当該定期金給付契約の契約者について、当該契約に関する権利のうち被相続人が負担した掛金又は保険料の金額の当該契約に係る掛金又は保険料で当該相続開始の時までに払い込まれたものの全額に対する割合に相当する部分

⑤　定期金給付契約で定期金受取人に対しその生存中又は一定期間にわたり定期金を給付し、かつ、その者が死亡したときはその死亡後遺族その他の者に対して定期金又は一時金を給付するものに基づいて定期金受取人たる被相続人の死亡後相続人その他の者が定期金受取人又は一時金受取人となった場合においては、当該定期金受取人又は一時金受取人となった者について、当該定期金給付契約に関する権利のうち被相続人が負担した掛金又は保険料の金額の当該契約に係る掛金又は保険料で当該相続開始の時までに払い込まれたものの全額に対する割合に相当する部分

⑥　被相続人の死亡により相続人その他の者が定期金に関する権利で契約に基づくもの以外のものを取得した場合においては、当該定期金に関する権利を取得した者について、当該定期金に関する権利

これらの財産が相続により取得したものとみなされる理由は、法形式上は被相続人以外の者から相続人に支給されるものであっても被相続人の金銭の出捐もしくは死亡退職に際し支給されるものであることから、相続財産とみなし課税の公平を図ったものと考えられる（金子宏『租税法　第12版』（弘文堂、2007年）439頁）。

以上総括すると、民法は遺産分割協議の対象となる財産を衡平の観点から相続時に存する財産に被相続人の意思に反しない限り特別受益を相続財

産に加算し、相続税法は、相続財産と実質を同じくする財産を公平の見地から相続税の課税対象としたものと考えられる（みなし相続財産には一定の非課税枠がある）。

Ⅲ　特別受益者の範囲

民法903条は、「共同相続人中に」と規定されているから、この制度の対象となる人的範囲は、相続開始時における被相続人の子（非嫡出子、代襲相続人を含む）、直系尊属、兄弟姉妹（代襲相続人を含む）並びに配偶者であるが、相続開始後に相続放棄をした者は含まれないと考えられる。しかしながら、次の場合には留意が必要である。

1　被代襲者が受領した特別利益

子が特別受益とされる財産を受贈していたが死亡した場合、代襲相続人（孫）もここにいう「共同相続人」に含まれるかである。代襲相続が開始する前に被代襲者が受贈した特別受益については見解が分かれている。

①「代襲相続人は自己固有の権利に基づいて被相続人を直接相続するという性格を持つので被代襲者が特別受益者であっても、それは相続人の相続分算定とは切り離して考えるべきであり、本条1項本文によっても明文上持戻しに服する者は、特別受益を受領した共同相続人自身であって被代襲者は相続開始時には相続人ではないことからも持戻しの問題を生ずる余地はない」（内田貴『民法Ⅳ 補訂版　親族・相続』（東京大学出版会、2014年）218頁）とする見解があり、一方②「持戻しは共同相続人間の不均衡を調整する趣旨であり、また、代襲相続も衡平の観念に基づき順位を引き上げる趣旨であることからして、代襲相続人が生存しておれば受くべかりし相続利益以上のものを取得すべきではないし、また、実質的にみても、被代襲者に特別受益があるときには、その直系卑属である代襲相続人もまたそれだけの利益を享受するはずで、被相続人の特別受益が終局的に代襲相続人に帰属するからには持戻しをなさしめた方が紛争を回避するのに適する」（内田貴『民法Ⅳ 補訂版　親族・相続』（東京大学出版会、2014年）218頁）とする。

特別受益が事業用不動産のような場合に、その受益を代襲相続人が享受しているときには、衡平の観点から持戻しを認めるべきではないだろうか。一方、被代襲者が享受した利益が一身専属的なものであれば（例えば、高額な教育費用の受領）、代襲相続人が利益を受けているとは言えないのではないか。税務の実務家である税理士は、以上の法律上の問題点を認識し、納税者から依頼を受ける租税計画策定に当たっては、法律家である弁護士等と協議すべきである。

2　代襲相続人が受領した特別利益

被代襲者が生前中に、代襲相続人が受領した特別受益は、被代襲者の死亡若しくは相続権の喪失（欠格・廃除）以前には推定相続人の地位を有しない者に対する贈与であり、相続分の前渡しとは認められないと考えられる。

しかしながら、「代襲相続人は自己固有の権利で直接被相続人を相続するものである以上、持戻しに服する他の共同相続人と区別される理由はないし、なによりも持戻制度は相続人間の不均衡を調整するのが目的であるから、受益者が受益の当時に相続人であったか否かを基準にするのではなく、相続開始当時に共同相続人であれば足りることを根拠」（内田貴『民法Ⅳ 補訂版　親族・相続』（東京大学出版会、2014 年）220 頁）として、代襲相続人が推定相続人となる以前に受領した特別受益も持ち戻すべきとする。

3　特別受益を受領後に推定相続人となった者

受贈当時は推定相続人の地位になかった者が配偶者となり、もしくは養子となった場合、その受贈益を特別受益とすべきか否かである。

特別受益の持戻しを相続分の前渡しと考えれば受領時に推定相続人の地位にない者に対する贈与は特別受益に該当しないと考えられるが、代襲相続人の場合と同様に、民法が受贈時に推定相続人の資格取得を本制度の適用要件としていないからこれを肯定的に考える見解もある（内田貴『民法Ⅳ 補訂版　親族・相続』（東京大学出版会、2014 年）220 頁）。

いわゆる、孫養子の場合を考えると、推定相続人の地位取得の時期にこだわると実質的に特別受益の持戻し制度の趣旨に反する贈与が意図的になされることが想定されるが、この点について前説は、遺留分制度によって解決すべき問題と考えるのであろう。

４　包括受遺者が受領した特別利益

包括受遺者は、相続人と同一の権利義務を有するが「相続人」ではなく、法人も包括受遺者になり得るから否定的に考えられるが（野田愛子、他編『家事関係裁判例と実務245題』（判例タイムズ社、2002年）372頁）、相続人が包括受遺者となる場合もある。この問題は、包括遺贈の受遺者が相続人であるか否かによって整理し、相続人以外の者の場合は、被相続人の意思は当該受益の増減は想定していないとみるべきであろう。

５　被相続人の姻族等

被相続人の姻族（子の配偶者など）に贈与がなされ間接的に相続人が特別受益を享受している場合であるが、具体的事実を総合勘案して決すべきであろう（野田愛子、他編『家事関係裁判例と実務245題』（判例タイムズ社、2002年）372頁）。

６　相続税法における特別受益の取扱い

相続税法は、「相続又は遺贈により財産を取得した者」について、相続の開始前３年以内に被相続人から受贈した財産を相続税額の計算の基礎とする旨規定しているから、民法の特別受益を受贈した者であっても、相続財産を取得していなければ、その者が受贈した財産は相続税の課税価格に加算されることはない。

この取扱いは、いわゆる「暦年課税」に係る贈与の取扱いであって、相続税法21条の９以下に規定する「相続時精算課税」制度の適用を受ける贈与については、常に相続財産に取り込まれることとされている。同制度は、基礎控除額を2,500万円とし、これを超える贈与財産について20％の税率により納税し、当該贈与財産と相続財産を合計した価額を基に計算した相続税額から上記贈与税額を控除して納付する制度であり、いわば相続財産の先取りもしくは相続税の先払といえる。

将来相続税の課税が見込まれない場合は有用な制度であり、受贈者が住宅ローンなどを組む場合を想定すると贈与財産が金銭である場合には金利負担の軽減を図ることができる。民法の適用に当たっては、相続時精算課税に係る受贈財産も特別受益の持戻し、遺留分制度に服することになるので、租税計画策定に際しては相続開始後の紛争防止に留意すべきである。

Ⅳ　特別受益の評価

特別受益とされた財産は、相続財産に持ち戻されることになるが、その価格は相続開始時と解されている。その理由は、「①民法 903 条、904 条に相続開始時という文言があること、②各共同相続人は、民法 909 条ただし書き及び 905 条により、遺産分割前に個々の遺産に対する持分又は相続分を譲渡することを認められているから、具体的相続分は相続開始時に確定していなければ不合理であること、③遺産分割時で評価するならば相続開始後の物価の変動等により具体的相続分が不断に変化し不安定であること等があげられている」（野田愛子、他編『家事関係裁判例と実務 245 題』（判例タイムズ社、2002 年）375 頁）。

財産の評価方法は、「実務上は当事者の意見を聴いて評価の基準時や評価方法、評価額の合意を得るよう話合いが行われ、合意に至った場合にはその合意を相当なものとして手続が進められ」、不動産や株式の評価について争いがあり、当事者間に合意が成立しない場合には不動産鑑定士・公認会計士等を鑑定人に選任して鑑定により評価を行う」（大坪和敏『基礎からわかる改正相続法の実務 ポイント解説』（大蔵財務協会、2018 年）104 頁）こととされている。

●相続税法における特別受益の評価の取扱い～相続税法における「３年以内の贈与加算」の財産の価額及び相続時精算課税に係る贈与

財産の価額は、贈与時の価額とされている（相法 19）。当該価額は、贈与の時の時価とされ（相法 22）、その価額は、財産評価基本通達に基づき策定される財産評価基準書に定める路線価等を基にその価額を算定することになる。相続税法の執行に当たっては納税者の利便性を図るとともに画一的評価方法を用いることが課税の公平に資すると考えられている（金子宏『租税法　第22版』（弘文堂、2017年）664頁）。

以上のとおり、特別受益の額の算定に当たっては、財産評価の目的が異なることから、民事上の解決方法による価額と課税実務による価額とが必ずしも一致しないことに留意すべきである。

ケーススタディ　持戻免除と相続税法の適用

Case1 居住用財産以外の相続財産の承継

配偶者に居住用不動産を贈与しましたが、その他の財産はどのように相続人に承継されますか。

Answer

居住用不動産の贈与は、婚姻期間20年以上の配偶者に対するものは被相続人が相続財産に持ち戻すことを免除することを明示的に明らかにしている場合はもちろん、それが明らかでない場合にも同意思を推定する規定が創設されました。

そのため、居住用財産以外の相続財産について遺贈、相続分の指定等の遺言がなければ、相続人全員による遺産分割協議により承継されることになります。

✍Study

配偶者に居住用不動産を贈与しその後相続が開始した場合には、持戻免除が推定される。その結果、配偶者が承継する財産の額は、当該贈与をする前と比較して増加する（以下の例は法定相続分に従い相続した場合を想定している）。

例えば、居住用財産の額が3,000万円、金融資産5,000万円、合計8,000万円の相続財産並びに推定相続人は配偶者及び子A及び子Bと想定した場合、配偶者が居住用財産を取得すると相続分に対応する相続財産の価額は8,000万円×１／２＝4,000万円あり、4,000万円－3,000万＝1,000万円、金融資産は1,000万円を承継することになる。

一方、生前に居住用不動産を贈与され持戻が免除された場合には、遺産分割の対象は5,000万円の金融資産のみとなり、配偶者は2,500万円を相続し、居住用財産を生前贈与しない場合と比較すると金融資産の額は1,500万円増加することとなる。

これらの計算により算出した課税価格の合計額により相続税の総額を算定し、各人の課税価格が課税価格の合計額に占める割合に応じて相続税を負担することになる。

なお、居住用不動産の贈与が、2019年７月１日以前になされている場合は、相続が７月１日以後であっても、持戻し免除が推定されないので、きちんと持戻し免除の有無を確認して、７月１日以後の日付で覚書を取り交わしておくべきである。

Case2 居住用財産の配偶者生前贈与と遺留分侵害請求

私は23年前に結婚しましたが、夫には先妻との間に子が２名おりました。その後、私には子宝は恵まれませんでした。夫は、私の将来を考え居住用の土地建物（5,000万円）を２年前に贈与してくれました。自筆遺言証書があり、受贈した居住用の土地建物については持戻しを免除することが明記されていました。相続開始時にほかの財産はなく、債務もありません。この場合、子から遺留分侵害請求がなされたときはどのようになるのでしょうか。

Answer

あなたは、婚姻期間が20年以上の配偶者から生前に居住用の土地建物を受贈されていますが、新民法の下では当該贈与については持戻しの免除が推定されることとされています。本問の場合は、民法の規定により被相続人の意思を推定するまでもなく免除する意思は明らかとなっています。

しかしながら、持戻しの免除を無制限に認めると、他の相続人は相続財産を取得することができません。民法は、被相続人も処分し得ない相続権を相続人に与えています。これを遺留分といいますが、あなたに居住用の土地建物を贈与したことが子２名の遺留分を侵害しているか検討しなければなりません。

遺留分を算定するための財産の価額は、①相続開始時における被相続財産の価額に、②相続人に対する生前贈与の価額（原則10年以内）及び③第三者に対する生前贈与の額（原則１年以内）を加算し、④被相続人の債務の額を控除して算出します。

これを本ケースについてみると、①０円＋②5,000万円＋③０円－④０円＝5,000万円です。

遺留分は、あなたは、法定相続分の２分の１、子は２分の１とされていますから、あなたは４分の１、子は各８分の１となります。

したがって、あなたの遺留分に相当する金額は1,250万円、子は各625万円となります。子は相続した財産がないので、それぞれ625万円の侵害請求をすることができます。したがって、先妻の子供二人が遺留分侵害額請求をすると、あなたの最終的な取得額は5,000万円－625万円×２＝3,750万円となります。

なお、従前の民法は、遺留分減殺請求をすると遺留分相当する持分との共有とされていましたが、新法では金銭で支払うことが原則となっています。

✍Study

配偶者に対する居住用財産に係る持戻し免除の推定は、生存配偶者の老後の生活保障を厚くする趣旨のものであるが、無制限にこれを認めるものではない。戦後の民法改正は、家督相続制度を廃止し、遺留分制度を導入した。今回の民法の改正においてもこの制度は維持されている。

そのため、事例のように、生前の贈与によって、相続時の財産が全くないような極端な場合は、持戻し免除の意思表示があっても、遺留分額算定の基礎財産に算入し、遺留分減殺請求の範囲内で持戻し免除の意思表示が失効するとした裁判例が適用されるリスクがあるので注意が必要である

(最判平24. 1.26)。

改正民法1042条は、遺留分について旧法を踏襲しつつ文言整理をしたが、兄弟姉妹以外の相続人は、直系尊属のみが相続人である場合３分の１、それ以外の場合は２分の１とし、相続人が数人ある場合には法定相続分を乗じた割合としている。

遺留分を算定するための財産の価額は、被相続人が相続開始の時において有していた財産の価額にその贈与した財産の相続時の価額（民904）を加えた額から債務の額を控除した額である（民1043①）。

そして、上記の贈与した財産は、相続人以外に対する贈与は、相続開始前の１年間にしたものに限り加算するのであるが、当事者双方が遺留分権利者に損害を加えることを知って贈与したときは期限を設けず加算される。また、相続人に対する贈与は相続開始前10年間にした特別受益に該当する贈与を加算するが、当事者双方が遺留分権利者に損害を加えることを知ってなされた特別受益に該当する贈与をしたときは贈与の時期にかかわらず加算される（民1044）。

遺留分侵害額は、遺留分の額から①遺留分権者が生前受けた財産の価額を控除し、遺産分割対象財産がある場合には遺留分権利者が遺産分割協議において取得すべき財産の価額を控除し、相続債務がある場合は、遺留分権利者が相続によって負担する債務の額を加算して求める（民1046②）。

なお、上記の算式中債務の額を加算するのは、「遺留分の額は、遺留分権利者の手許に最終的に残る額を意味するものであるため、被相続人に債務があり遺留分権利者がその債務を承継する場合には、遺留分権利者がその債務を弁済した後に遺留分に相当する財産が残るようにする必要がある。このため、遺留分権利者が被相続人の債務を承継した場合には、遺留分の額にその承継した債務の額を加算することとされている」（堂薗幹一郎・野口伸弘『一問一答　新しい相続法』（商事法務、2019年）133頁）。

このように居住用財産のみが相続財産であるときは、そのすべてを生前贈与するのではなく、持分贈与にして被相続人との共有とすべきである。

また、2020年４月１日以降は配偶者居住権が施行されるので、この制度及び持戻免除を併用して租税計画を策定し、遺留分侵害額請求に備えるべきである。

Case3 現金を受贈した場合の持戻免除

婚姻期間20年以上の配偶者から居住用財産を取得するため現金2,500万円を受贈しました。このように土地建物の不動産ではなく現金を受贈したときも持戻の免除が推定されますか。

Answer

民法903条４項の規定は、「その居住の用に供する建物又はその敷地」と規定し、不動産の現物のみを対象にしているかのような規定ぶりですが、本制度は通常相手方配偶者の長年の労苦に報いるとともに配偶者の老後の生活保障を厚くするという配偶者の意思を推定するものですから、不動産そのものに限定する必要はないと考えます。

✍Study

婚姻期間20年以上の配偶者間で居住用不動産の贈与・遺贈がなされたときは、当該居住用不動産については持戻しが免除される。

居住用不動産の贈与は、一方の配偶者が所有する場合に贈与することが多いのであろうが、建物の新築や新たに住宅用不動産を購入する際に一方の無資力の配偶者に現金を贈与し、新築家屋若しくは購入住宅用不動産を共有とすることも多く見受けられるところである。

これらの場合、建物新築契約又は不動産売買契約において配偶者両名が契約当事者になる場合や、一方の配偶者のみが当該契約の当事者となる場合もある。後者の場合登記原因証明情報に所有権者を夫婦とする所有権移転登記を申請することもできる。そして、代金の支払いを一方の配偶者のみが出捐している場合、登記に表示されている所有権は夫婦両名であるので、代金相当額の金員を出捐してない配偶者は一方の配偶者からその持分に相当する金員を受贈したものと認められる。

このような事例を入口から排除すべきではなく、実態を考慮して判断されるものと考える。そうすると、居住用不動産に係る持戻しに係る不動産は、厳密に不動産そのものに限定するべきではないのではと考える。

ただし、金員の受贈時期が乖離しておらず居住用不動産を当該金員をもって取得したことが明確であることが必要であり、かつ、居住の用に供することが必要である。

もちろん、この事例では登記を一度で済ませるというメリットはあるが、登記後しばらくしてからの居住用不動産の贈与であれば、評価額を低く抑えることができるという別のメリットがある。

なお、相続税法に規定する配偶者の贈与税額控除制度では、居住用財産を取得する目的で交付された金員については、金銭を取得した者が、当該取得の日の属する年の翌年３月15日までに居住用不動産を取得して、これをその者の居住の用に供し、かつ、その後引き続き居住の用に供する見込みである場合においては、その年分の贈与税については、課税価格から2,000万円を控除することとされている（相法21の６）。

Case4 居住用財産3,000万円贈与をめぐる税務

被相続人は、相続が開始した年に配偶者に居住用財産3,000万円を贈与していました。相続税法の取扱いはどのようになりますか。

Answer

受贈した居住用財産について、贈与税の課税もしくは相続税の課税を受けるかは納税者の選択に委ねられています。

Study

相続又は遺贈により財産を取得した者が当該相続の開始前３年以内に当該相続に係る被相続人から贈与により財産を取得したことがある場合においては、その者については、当該贈与により取得した財産の価額を相続税の課税価格に加算した価額を相続税の課税価格とみなして算出した税額から贈与税の税額を控除した金額をもって、その納付すべき相続税額とする（相法19）こととされている。

そして、相続開始の年に婚姻期間が20年以上である被相続人から同人

の配偶者が居住用不動産又は金銭を受贈した時は、当該資産について、贈与税の課税資産とするか相続財産とするか選択できるものと解される。

相続税法19条2項2号は贈与税の配偶者控除の規定の適用があるものとした場合としており、当該控除は申告書の提出及び所定の書類を添付することを適用要件としているのであり、これらの手続を欠くものは当該控除の適用要件を欠くものとなる。

したがって、相続開始の年に被相続人である配偶者から受贈した居住用財産は、贈与税の課税資産として所定の手続に基づき配偶者控除の規定を適用するか若しくは贈与に係る当該手続をせず相続税の課税資産とする選択ができると解される。

ただし、贈与課税を選択した場合であっても、それは居住用財産に係る配偶者控除の額に限られるから、本問の場合3,000万円から2,000万円を控除した残額の1,000万円は相続財産と取り扱われる（相法19②二)。

また、相続税法に規定する配偶者の税額控除の規定は、相続税の申告期限までに遺産分割協議が成立していることが前提となっていることに留意すべきである。

〔富岡俊明〕

〈コラム10〉

特別受益

特別受益とは、推定相続人が被相続人から受ける①遺贈、②婚姻又は養子縁組のための贈与、③生計の資本としての贈与（民903①）をいう。

被相続人が相続開始の時において有した財産の価額に特別受益の価額を加えたものを相続財産とみなして、①法定相続分（民900）、②代襲相続人の相続分（民901）、③遺言による相続分の指定（民902）の規定により算定した相続分の中から、特別受益の価額を控除した残額が、その者の相続分となる。

特別受益を相続財産に加えることを「持戻し」という。

特別受益の価額は、受贈者の行為によって、その目的である財産が滅失し、又はその価格の増減があったときであっても、相続開始の時においてなお原状のままであるものとみなしてこれを定める（民904）。

特別受益となる「生計の資本としての贈与」とは、生計の基礎として役立つような財産上の給付をいい、居住用の不動産の贈与や、不動産取得の金銭贈与、開業資金の贈与、親族間の扶養的金銭援助を超える高額な学費（私立の医学部の学費や長期間の留学費用）等が該当する。要は、遺産の前渡しになるような贈与かどうかで判断することになる。

被代襲者に対する生前贈与は、原則として、代襲相続人の特別受益となる。

贈与を受けた当時は推定相続人ではなかったが、贈与後、婚姻して配偶者となった場合や、養子縁組して養子となった場合に、婚姻あるいは養子縁組前の贈与も特別受益にあたるのが通説である。

特別受益の価額が、相続分の価額に等しく、又はこれを超えるときは、受遺者又は受贈者は、その相続分を受けることができない（民903②）。この規定は、相続分がゼロになるということで、相続分以上に特別受益があったとしても返金する必要はない。

しかし、被相続人の財産を生前に全て持戻し免除とする贈与をしてしまったらどうであろうか。ここに注目すべき裁判例を紹介する。

「Aは、平成16年10月から平成17年12月にかけて、相手方Ｙ２（Aと後妻との間の子）に対し、生計の資本として、株式、現金、預貯金等の贈与をするとともに、Aの相続開始時において本件贈与に係る財産の価額をその相続財産に算入することを要しない旨の意思表示をした。また、Aは、平成17年5月26日、相手方Ｙ１（Aの後妻）の相続分を２分の１、その余の相手方ら（Ｙ２及びＹ３）の相続分を各４分の１、抗告人ら（Aと先妻との間の子３人）の相続分を零と指定する旨の公正証書遺言をした。抗告人らは、平成18年7月から9

月までの間に、相手方らに対し、遺留分減殺請求権を行使する旨の意思表示をした」という事件である。

最高裁判所は、「事実関係によれば、本件遺言による相続分の指定が抗告人らの遺留分を侵害することは明らかであるから、本件遺留分減殺請求により、上記相続分の指定が減殺されることになる。相続分の指定が、特定の財産を処分する行為ではなく、相続人の法定相続分を変更する性質の行為であること、及び、遺留分制度が被相続人の財産処分の自由を制限し、相続人に被相続人の財産の一定割合の取得を保障することをその趣旨とするものであることに鑑みれば、遺留分減殺請求により相続分の指定が減殺された場合には、遺留分割合を超える相続分を指定された相続人の指定相続分が、その遺留分割合を超える部分の割合に応じて修正されるものと解するのが相当である。

本件遺留分減殺請求により、抗告人らの遺留分を侵害する本件持戻し免除の意思表示が減殺されることになるが、遺留分減殺請求により特別受益に当たる贈与についてされた持戻し免除の意思表示が減殺された場合、持戻し免除の意思表示は、遺留分を侵害する限度で失効し、当該贈与に係る財産の価額は、上記の限度で遺留分権利者である相続人の相続分に加算され、当該贈与を受けた相続人の相続分から控除されるものと解するのが相当である。」

と判示して、持戻し免除の意思表示があっても、遺留分額算定の基礎財産に算入し、遺留分減殺請求の範囲内で持戻し免除の意思表示が失効するとした（最判平24.1.26）。

「特別受益」と「持戻し免除」について、しっかり理解しておくべきである。

〈コラム11〉

死亡保険金の課税関係

国税庁のタックスアンサーには、以下のような表がある。

被保険者	保険料の負担者	保険金受取人	税金の種類
A	B	B	①所得税
A	A	B	②相続税
A	B	C	③贈与税

①所得税が課税される場合

・一時金で受領した場合は、負担した支払保険料を差し引いた金額がBの一時所得になる。

・年金で受領した場合は、その年に受領した年金の額から、その金額に対応する負担した支払保険料を差し引いた金額がBの雑所得になる。

②相続税が課税される場合

・Bが相続人の場合は、相続により取得したとみなされ、Bが相続人以外ときは遺贈により取得したとみなす。みなし相続財産とは、民法上は相続財産でないが、税法上相続財産とみなすものをいう。つまり、相続放棄した者でも死亡保険金を受ける権利はある。

・相続税の対象とみなされる死亡保険金には、生命保険金や損害保険金（偶然な事故に起因する死亡に伴い支給されるもの）が該当する（相法3①一）が、保険金と共に受領する剰余金、割戻金、前納保険料の払戻金も含まれる（相基通3-8）。ただし、被保険者の死亡を直接の起因としない傷害、疾病等で支払われる保険給付金や入院給付金、通院給付金等で相続発生後に支払われるものは、本来の相続財産（未収入金）になる（相基通3－7）ので注意が必要である。

・みなし相続財産となる死亡保険金には、非課税枠（500万円×法定相続人の数）があるが、相続人以外の者が取得した死亡保険金には非課税枠の適用がない（相法12①五）。

・相続を放棄した者又は相続権を失った者が取得した保険金にも非課税枠の適用がない（相基通12－8）が、非課税枠の計算上の法定相続人の数には含める（相法12①五イ、15②）ので注意が必要である。養子の数や代襲相続人の数も要注意である。

・この非課税枠を超える場合の各相続人の課税金額に算入される金額は、以下の計算式のように、受領した死亡保険金の割合で非課税枠を按分するのであるから注意が必要である。

$$\boxed{\text{その相続人が受け取った生命保険金の金額}} - (\text{非課税限度額}) \times \frac{\boxed{\text{その相続人が受け取った生命保険金の金額}}}{\boxed{\text{全ての相続人が受け取った生命保険金の合計}}} = \boxed{\text{その相続人の課税される生命保険金の金額}}$$

・死亡保険金を年金で受領する場合の年金受給権の相続税評価は、解約返戻金相当額になる（相法24）。また、毎年支払を受ける年金は、長崎年金訴訟事件（最判平22.7.6）により、相続税の課税部分を除く形で、年金総額から相続税の課税対象になった解約返戻金相当額を控除した金額を年金受給年数で除した金額を課税される年金収入とし、支払保険料の総額を年金受給年数で除した金額を必要経費とし、その差額を毎年の雑所得とするように改められた。初年度は全額非課税で、２年目以降階段状に増加していく（計算は複雑で、現実には保険会社から計算資料が送付される）。

③贈与税が課税される場合

・保険料を負担していないCが受け取った死亡保険金に贈与税が課税される。

・Cが死亡保険金を年金で受領する場合は、上記②と同様の計算により、贈与税の課税を受けた部分に所得税が課税されないようにして、上澄部分が雑所得として課税される。

※自殺による死亡保険金の扱いについての判例に注目

・「生命保険契約に係る保険約款中の保険者の責任開始の日から1年内に被保険者が自殺した場合には保険者は死亡保険金を支払わない旨の定めは、責任開始の日から1年経過後の被保険者の自殺による死亡については、当該自殺に関し犯罪行為等が介在し、当該自殺による死亡保険金の支払を認めることが公序良俗に違反するおそれがあるなどの特段の事情が認められない場合には、当該自殺の動機、目的が保険金の取得にあることが認められるときであっても、免責の対象とはしない趣旨と解すべきである（最判平16.3.25）。」つまり、保険会社のいいなりではなく、きちんと約款を確認して、死亡保険金の支払請求をするべきであろう。

※なお、被相続人の死亡により取得する共済金でも、相続税法上の生命保険契約に含まれない共済契約もあり（相令1の2）、死亡共済金の取得で、所得税が課される場合もあるので、個々の共済契約の内容を十分に検討する必要がある。

〈コラム12〉

生前に既に退職しているものへの死亡退職金

「被相続人の死亡後その支給額が確定され（現行は3年以内）、これにより相続人等が退職手当金等の支給者に対して直接に退職手当金等の請求権を取得した場合についても、これを相続財産とみなして相続税を課することとしたのであって、もとより生前退職の場合を含むものと解すべく、死亡退職の場合に限るものと解すべき根拠はない。……相続によって財産を取得したのと同視すべき関係にあるという以上、被相続人の死亡による相続開始の際、その支給額はたとえ未確定であるにせよ、少なくとも退職金の支給されること自体は、退職手当金支給規定その他明示または黙示の契約等により、当然に予定された場合であることを要するものというべく、また、所得税として（一時所得）ではなく相続税としての課税を期待するものである以上、相続税として課税可能な期間内に支給額が確定する場合でなければならないのは当然である。」（最判昭47.12.26民集26巻10号2013頁）との判例がある。

生前に既に会社を退職している者でも、死亡にあたり退職手当を支給することが金額はともあれ予定されている場合は、受領した相続人の一時所得ではなく、みなし相続財産として非課税枠を活用できるとの判例であるから、どちらが有利か受領するタイミングを検討すべきである。もちろん、支払う側が同族関係会社の場合は、租税回避とみなされないよう配慮しなければならない。

第７章

遺言制度と税務

Ⅰ　はじめに

今般の相続法改正という観点からすれば、①自筆証書遺言の方式緩和、②公的機関たる法務局における自筆証書遺言保管制度の創設の大きく二つが、目玉となる。その概要は次のとおりである。

「自筆証書遺言の方式緩和」は、相続財産の目録について自筆することを要しないこと。全てを自筆で記載することに比べ、負担は格段に減少する方向であり、方式の違反による遺言無効も同様である。一方、「公的機関たる法務局における自筆証書遺言保管制度の創設」は、遺言者が法務局に、自筆証書遺言にかかる遺言書の保管を申請することができる制度である。一定のルールの下で遺言書の閲覧等の請求も可能になるが、遺言者の生存中にはすることができない。しかし税務との関わりでは、以下のようなポイントに掲げる項目が伝統的な論点・留意点になるので、以降それぞれについて検討する。

①　自筆証書遺言の方式が緩和されても、公正証書遺言に取って代われるような普及状況にはもうしばらく時間が必要。
②　遺贈と「相続させる旨の遺言」の違いを確認しておく。
③　遺言作成者に税務を含めた適正な助言ができるように常にスキルアップを図り情報収集を怠らない。
④　相続人全員の合意があれば遺言書の内容と異なる遺産分割協議も可能であることを理解しておく。

Ⅱ　遺言制度の狙い

相続については、民法上法定相続分や法定相続人という「相続の法定原則」が定められている。一方で、被相続人の最後の意思表示である遺言があることは、「相続の法定原則」を修正することなどが認められていることとなる。

ところで、民法に定められている遺言には、①自筆証書遺言、②公正証書遺言、③秘密証書遺言の３種類があるが、今回の改正は前述のように①自筆証書遺言の方式の緩和等が大きな変更点の一つとなっている。よって改正後を含みこの方式のメリット、デメリットをまずは整理しておく。

１　自筆証書遺言方式のメリット

自筆証書遺言方式のメリットは以下のとおりである。

①　遺言等の全てを自署することは、高齢者にとって負担が大きいので、財産目録はワープロ作成や預金通帳の写しの添付でオーケーとなる。

②　今後の対応となるが、法務局の遺言書保管所に有料で自筆証書遺言を保管することが可能になる。

③　法務局での保管制度を利用すれば、裁判所の検印は不要になる。

④　いつでも自由に記載できると同時に書き直しも容易である。

⑤　法務局での保管を選択しなければ、費用がかからず自分の好きな場所に保管が可能で内容を他人に知られずに済む。

２　自筆証書遺言方式のデメリット

自筆証書遺言方式のデメリット（法務局での保管制度を利用しない場合）は以下のとおりである。

①　相続人が、遺言の存在に気が付かない可能性がある。

②　形式の不備があるにもかかわらずそのままにすると無効となる恐れがある。

③　遺言を隠されたり偽造されたりする恐れがある。

④　死亡後においても裁判所の検印が必要となったり、相続人全員の戸籍謄本が必要となったりする可能性がある。

３　改正を受けた対応

今回の改正を受けて、税理士はどのようなアドバイスを相続人に対して行うべきであろうか。そこでまず改正前よりの根本的な注意点がある。すなわち遺言書の作成にかかわる相談はあくまでも法律相談であり、弁護士法に抵触することのなきよう十分に留意すべきであるという点である。

すでに公正証書遺言については、どこの公証人役場でも「遺言検索システム」により被相続人の遺言の有無を照会することが可能である。一方、自筆証書遺言に係る遺言所保管制度の創設によって自筆証書遺言についても、同様に法務局で自筆証書遺言の存在の確認が、一定の手続の上で可能となる。

　したがって、遺言書の保管の有無の確認については、従前の公証人役場のほかに、法務局にも一定の確認作業を実施するように税理士として助言する必要が出てくる。

Ⅲ　遺言書保管法の概要

　ここで遺言書保管法の概要を鳥瞰してみると次の表のようにまとめられる。

遺言書保管機関	・法務省・法務局（遺言書保管法２①）
遺言書保管所及び遺言書保管官	・遺言書の保管に関する事務は、法務大臣の指定する法務局がつかさどることとし、その指定する法務局を「遺言書保管所」という（遺言書保管法２）。 ・遺言書保管所における事務は、「遺言書保管官」が取り扱う（同法３）。
遺言書の保管の申請	・保管の対象となるのは、民法968条に規定する自筆証書による遺言書に限られる（同法１）。 ・遺言書保管官は、保管の申請に係る遺言書について、日付、遺言者の氏名の記載、押印の有無、本文部分が手書きによっているか否か等を確認する。 ・保管の申請をすることができる遺言書は、法務省令で定める様式に従って作成した無封の遺言書でなければならない（同法４②）。 ・遺言書の保管の申請は、遺言者の住所地もしくは本籍地又は遺言者の所有する不動産の所在地を管轄する遺言書保管所の遺言書保管官に対してしなければならない。 ・遺言書の保管の申請をすることができるのは、遺言書を作成した遺言者のみであり、また、保管の申請は、遺言者が遺言書保管所に自ら出頭して行わなければならない（同法４①、６）。
遺言書保管官による本人確認	・遺言書の保管の申請があった場合において、遺言書保管官は、その申請者が本人であるかどうかを確認するため、一定の書類の提示又は提出を求める（同法５）。
遺言書の保管・情報の管理	・遺言書保管官は、保管する遺言書について、次の情報を電子データとして管理する（同法７①②）。 ①　遺言書の画像 ②　保管の申請書に記載された次の事項 イ　遺言書に記載されている作成の年月日 ロ　遺言者の氏名、出生の年月日、住所及び本籍 ハ　遺言書に受遺者及び遺言執行者の記載があるときは、その氏名又は名称及び住所

遺言書の閲覧	遺言者は、保管されている遺言書について、その閲覧を請求することができる（同法６②）。
遺言書の保管の申請の撤回	遺言者は、保管されている遺言書について、自ら出頭して保管の申請を撤回することができる（同法８）。
遺言書情報証明書の交付	死亡している特定の者について、自己（請求者）が、相続人、受遺者等となっている遺言書（関係遺言書）が遺言書保管所に保管されているかどうかを証明した書面（遺言書保管事実証明書）の交付を請求することができる（同法10）。 遺言者の相続人、受遺者等は、遺言者の死亡後、遺言書の画像情報等を用いた証明書（遺言書情報証明書）の交付請求及び遺言書原本の閲覧請求をすることができる（同法９）。
閲覧させたことの通知	遺言書保管官は、遺言書情報証明書を交付し又は相続人等に遺言書の閲覧をさせたときは、速やかに、当該遺言書を保管している旨を遺言者の相続人、受遺者及び遺言執行者に通知する（同法９⑤）。
検認の適用除外	遺言書保管所に保管されている遺言書については、遺言書の検認の規定は、適用されない（同法11）。

令和２年７月10日から始まる法務局で自筆証書遺言を保管する制度の関係政令には次の３点等が定められている。

①　遺言者の住所等に変更があった場合の届出。

②　遺言者が保管の申請をした遺言書を閲覧する際の手続。

③　遺言書の保管期間。

このうち、③の保管期間は遺言書が遺言者の死亡日から50年、遺言書にかかる情報が遺言者の死亡日から150年とされており、遺言者の生死が明らかでない場合は、いずれも遺言者の出生の日から起算して120年を経過した日となる。この期間を経過すれば法務局は遺言書などを廃棄できる。

Ⅳ　相続させる旨の遺言と相続させる旨の効力が生じる「特段の事情」

１　相続させる旨の遺言

いわゆる「相続させる旨の遺言」とは次のような表現といわれる。例えば、遺言には、「預貯金は妻に、土地は子に相続させる」との記載のみで具体的遺産分割方法の指定や、遺贈といった文言がないものをいう。

一方、民法上明確な規定は存在しないものの、最高裁判決（最判平３．4.19Z999-5115）でその解釈は明確化されている。その内容は大きく二つで次のように整理されている。①遺産分割方法を指定したものであり、被相続人の死亡時に当該財産は当該相続人に承継され帰属する。②当該財産が法定相続分を超える場合は、遺産分割方法の指定とともに、相続分の指定も行われたものと考える。

税務の観点からは、相続税の計算自体は、それぞれの相続分を遺産分割協議で決める普通の相続税の計算の場合と変化はない。

2 「相続させる旨の遺言の効力が生じる「特段の事情」の初判断

「相続させる旨の遺言」の効力が生じる「特段の事晴」の初めての判断が、最高裁判決（最判平23. 2.22・Z999-5204）であり、次のように示された。

■事案の概要

被相続人甲の子である長女が、もう一人の子長男乙が甲より先に死亡したことにより、乙に相続させる旨の甲の遺言に効力はないとして、法定相続分に相当する不動産の持分等の確認を求めた事案である。

◆争点

乙が甲より先に死亡した場合であっても、乙に相続させる旨の甲の遺言により、乙の代襲者である上告人らが、代襲相続（民法887②）できるか否かである。

◆判旨

「相続させる旨の遺言」は、遺言により遺産を相続させるものとされた推定相続人が遺言者の死亡以前に死亡した場合には、当該「相続させる」旨の遺言に係る条項と遺言書の他の記載との関係などから、遺言者が推定相続人の代襲者その他の者に遺産を相続させる旨の意思を有していたとみるべき特段の事情のない限り、その効力を生ずることはない。本件遺言書には、乙が甲よりも先に死亡した場合に乙が承継すべきであった遺産を乙以外の者に承継させる意思を推知させる条項はないなど承継者を考慮しておらず、上記特段の事情があるとはいえない。

これは、遺贈においても同様で、遺言者の死亡以前に受遺者が死亡したときは、遺贈の効力は生じない（民994①）。したがって、そのようなことを想定した予備的遺言（遺言者より先に受遺者が死亡した場合にどうしたいか）を考えておかなければならない。

Ⅴ　特定遺贈で予測される他の相続人とのトラブルと税務問題

遺贈とは、民法985条によれば、遺言によって特定の人（受遺者）に対して財産的な利益を与えることをいい、遺言は相手方の承諾を得ることを必要とせず、自分自身の単独の判断で行うことができる。遺言の効力が生ずるのは、遺言者が死亡したときである。遺贈の形式には、特定遺贈と包括遺贈があるが、特定遺贈の概要は次のとおりである。

１　特定遺贈の概要

特定遺贈とは､具体的に財産を指定して遺贈することをいう。例えば｢○区△町○丁目○番○号所在の宅地×平方メートルは甲に与える」というように､どの財産が誰に遺贈されるのかが明確に指定される。この場合に｢○区△町○丁目○番○号所在の宅地×平方メートルのうち､４分の３は甲に､４分の１は乙に与える」というように、分数割合による場合でも、個々の財産ごとにその割合が異なる場合には、特定遺贈となる。

また、遺言による財産処分について、上記のように抽象的割合で示すのではなく、特定の財産を示してする遺贈によって財産を受ける者を特定受遺者という。この特定受遺者は、相続人や包括受遺者のように被相続人の債務を当然に承継するということはない。これは被相続人の租税の納付義務の承継についても同様である。

特定受遺者の遺贈の放棄は、遺言者の死亡後いつでもできる。そして、その放棄の効力は、遺言者の死亡の時に遡及する（民法986②)。

よって、遺贈の放棄があると、その放棄に係る財産については、遺贈がなかったことになり、遺言者の相続財産として相続人が取得することになる。そして、その財産は遺産分割の対象となる。

２　特定遺贈に係る裁決事例

（1）　相続財産の課税価格

自筆証書遺言の効力について相続人間で訴訟が継続していたとしても、請求人分特定不動産を特定遺贈により取得したものと認めて課税した原処分は適法であるとした事例（相続開始に係る相続税の更正処分及び過少申告加算税の賦課決定処分・一部取消し、昭60.6.18裁決・TAINSFO-3-037）がある。

（2）課税財産の範囲

特定遺贈を受けた財産を遺産分割協議書に記載したことが、遺贈の放棄に当たるとして、「特定遺贈の放棄の場合、1）期限の定めがなく、遺贈者の死亡後任意にいつでも放棄することができ、2）その放棄の形式は問わず、共同相続人等に対する意思表示でよいとされており、3）その放棄の効力は遺贈者の死亡の時にさかのぼって生じることから、遺言に特段の定めがない限り、その放棄した財産は相続人に帰属することとなり、4）受遺者がいったんその放棄をすれば、詐欺若しくは脅迫等によってなされたときを除いて、任意の撤回が許されないものと解されている。してみると、○○○の事実からすると、A男は、本件土地をF男から遺贈されたものの、その後本件分割協議書を作成したことにより、遺贈の放棄をしたものと認めるのが相当である。そして、本件土地の帰属については係争中であるものの、遺贈の放棄が撤回されていないことは明らかである」と遺贈による取得だというA男の主張が退けられた（平4.7.23裁決・裁決事例集44号261頁TAINS J44—4—01）。

ケーススタディ　遺言と異なる遺産分割の可否

Case1 相続人全員の合意がある場合の遺言の内容と異なる遺産分割の可否

父が亡くなりました。公正証書遺言が出てきましたが、作成が10年以上も前でしたので、記載内容が現在と全くマッチしていません。このような場合、相続人全員の合意があれば遺言内容と異なる遺産分割ができるのでしょうか。

また、全く別の問題として分割協議終了後に新たな遺産が出てきた時は、どう対応するべきでしょうか。

Answer　Study

1　遺言執行者がいない場合

遺産分割など被相続人の遺言がある場合は、その遺言内容に沿った遺産分割が行われるのが大原則である。

しかし、遺言内容と違う遺産分割でも相続人や受遺者全員の同意があれば、異なった分割も可能となる。

この構図は、一旦遺言者の死亡時に遺言の効力が生じるが、その一方で受遺者に対して相続開始後の遺贈の放棄が認められている関係から整理される。

したがって、相続税の申告も相続人全員の合意があれば、遺言と異なる遺産分割協議書に沿っての申告が可能となる。すなわち、遺産の再分割と異なり、受遺者からの贈与とはみなされない。

2　遺言執行者がいる場合

遺言執行者の職務権限や任務違反との関係から、遺言と異なる遺産分割は、どう整理されるべきであろうか。

判例上は、遺言執行者の同意の上で、相続人と受遺者が合意した遺産の処分は有効とされている（東京地判昭63．5.31・判時1305号90頁）。

よって、相続人と受遺者の全員は、遺言執行者を加えた上で、遺産分割協議を進めるべきである。

次に、分割協議の対象とならなかった相続財産の扱いであるが、相続財産をすべて網羅することが当然求められる行為であるが、実務上分割協議成立後かなり時期を経てから財産が発見される場合も多い。相続財産を100％把握して、すべて取得者を明記することが理想だが、なかなか難しい。

一方で当初の分割対象財産以外の財産については、相続人間の新たなトラブルの火種ともなりかねない。

そこで、万が一このような相続財産が事後的に発見された場合にどう処理すべきかを、当初の遺産分割協議書で明らかにしておく必要が生ずる。

その方法は次の２つが考えられる。

（1）事後発見財産につき改めて分割協議を行う方法

「分割協議対象外の遺産」というひとつの項目だてをして、次のような文章を記述することとなる。

「本遺産分割協議の対象にならなかった被相続人の財産が後日に確認又は発見された場合は、その遺産について、相続人間で改めて協議し、分割を行うこととする。」

（2）改めての分割協議を行わず、特定の相続人（例えば配偶者）が取得することを合意する方法

これは上記（1）の場合と異なり、ある１人の者に承継させる方法である。これは積極財産と同様に消極財産も同じ考え方である。

具体的記載方法は次のようになる。

一　相続人東京花子が取得する遺産

（一）　略

（二）　略

（三）　略

（四）上記のほか、相続人東京一郎、同東京二郎が取得する遺産以外の一切の遺産

なお、相続税の申告後に財産が発見された場合は、手続的に、当初申告が過少となり、修正申告（通則法19）の手続が必要となる。

あわせて延滞税や加算税の問題も発生するので留意する。

さらに注意すべきは、事後に財産が発見された事由に、隠ぺい又は仮装した事実があった場合（相法19の２⑤）、これに対応する部分は、配偶者の相続税額の軽減の特例（相法19の２①）が使えないので注意が必要である。

ケーススタディ　未分割に伴う問題

Case2 遺産分割未了中の未分割遺産の再度の相続

夫（東京はじめ）が死亡して、妻東京花子と長男東京一郎と次男東京二郎の３名で分割協議中に、東京花子が第一次相続から10か月以内に死亡し

た場合の、相続税の仕組みについて教えてください。

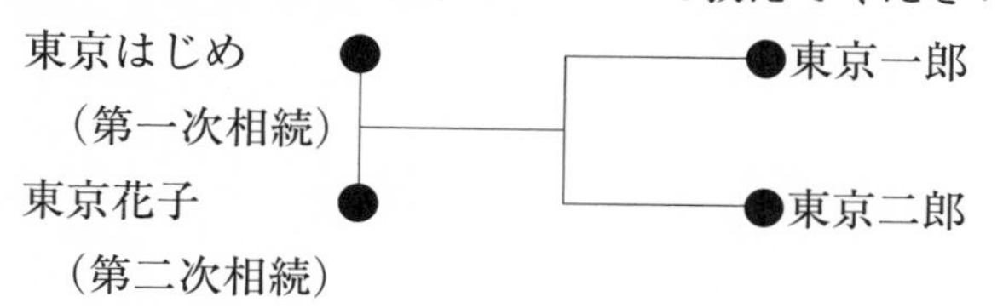

Answer *Study*

理論的には、東京はじめの相続について分割協議をして、東京花子の取得財産を確定させた上で、その財産につき東京花子の相続人たる東京一郎と東京二郎の相続税額を計算する。

東京はじめの相続について分割が確定すれば東京花子が法定相続分に従って取得したものとして計算されていた課税価格と実際の分割により取得した財産の課税価格が異なる場合が発生する。この場合、税務上その結果に基づいて修正申告か更正の請求をすることになる。

東京花子の相続税の申告期限までに分割協議が調わないときは、東京花子の相続についても法定相続分に準拠して取得したものとして課税価格を計算して申告書を提出する（相法55）。

このような遺産分割未了中の再度の相続のケースでは、次の２つの税額控除制度に留意する必要が生じる。

１つ目は第一次相続における配偶者の税額軽減問題であり、２つ目は第二次相続における相次相続控除の問題である。

（１）配偶者の税額軽減の問題

結論的には、不公平な扱いとならないように相続税法基本通達19の２－５に以下のような規定がある。

「その相続に係る母親以外の共同相続人又は包括受遺者および母親の死亡に基づく相続に係る共同相続人又は包括受遺者によって、父親の相続により取得した財産の全部又は一部が分割され、その分割によりその母親の取得した財産として確定させたものがあるときは、その財産は分割により当該配偶者が取得したものとして取り扱うことができる。」

したがって、遺産分割の結果、その死亡配偶者の取得財産を明確にしたときは、その財産は一義的に配偶者が取得したものとして配偶者に対する税額軽減が適用される。

ただし、課税庁から疑念を抱かれないように第一次相続において誰が財産を相続するかにつき分割協議書や調停条項に明確に表示する必要がある。

（2）相次相続控除の問題

相次相続控除とは、第一次相続と第二次相続との間が10年以内である場合は第二次相続に係る相続税額が軽減される制度をいう。

これについても、相続税法基本通達20－1から20－4の規定があるので留意する。

第一次相続の分割協議がなされ、第二次相続にかかる被相続人が第一次相続において取得した財産に課税された相続税額が、当初申告と異なった場合には、相次相続控除額も修正され、ケースによっては納付税額についての更正の請求が可能となる。

いずれにしても、遺産分割協議は、民法上、相続税法上、登記・登録上の各々の観点から誤りのないように決定されなければならない。

ケーススタディ　被相続人の納税債務と遺贈との関係

Case3 遺言作成者の滞納に対する受遺者の納付義務

相続人でない第三者（甲）が、遺贈によって土地を取得しました。甲は、遺言作成者が滞納していた公租公課を納付する義務があるのでしょうか。

Answer *Study*

この場合、その遺贈が包括遺贈であったか、特定遺贈であったかにより異なる。

（1）包括遺贈であった場合

甲は、遺言者である被相続人が納付すべき公租公課につき、包括遺贈による取得財産の額を限度として承継し、納付義務を負う。

（2）特定遺贈であった場合

甲は、遺言者である被相続人の納税義務を直接承継として滞納税金を納付する義務はない。ただし、第二次納税義務者として特定の場合には、納税義務を負うことはあり得る。

特定遺贈により、財産を取得した者が甲のように被相続人の相続人に該当しない者である場合には、相続税の債務控除等、未成年者控除、障害者控除などの規定を受けることができないほか、その人の相続税額は20%を加算した金額となるので留意する。

Ⅵ　その他注目すべき裁決事例（更正の請求の可否）

1　更正の請求の基礎となった不確定な事実関係から更正の請求を認めた裁決

「本件遺言は、その文言からみる限りでは、①財産を与える旨の具体的な記載がないこと、②相続財産に属する特定の財産の処分でないこと、③本件遺言書の文言からみると継続的に金銭を給付する金銭債権の遺贈ともみられるが、必ずしも十分な記載がないこと、④仮に、継続的に金銭を給付する金銭債権の遺贈だとしても、いつまで金銭を交付すればよいのか、何ら給付期間に関する記載がないこと等遺贈としての効力を巡って、判断の分かれる余地が大きいものであると認めざるを得ない。

ところで、遺言の解釈に当たっての基本的な考え方（最判昭58. 3.18）を踏まえて本件遺言に係る遺言者である被相続人の真意を推認すると、被相続人は、本件受遺者に恩義を感じ、感謝の気持ちから、本件受遺者に相当額の財産を遺贈する意思を有していたことは確実であり、本件遺言は、本件受遺者を信頼し、屋敷、墓等の管理を依頼するため、将来にわたり受遺者の生活を安定させ得る程度の金銭を取得させる意図の下に記載されたものと認めるのが相当である。

したがって、このような被相続人の真意を踏まえれば、本件遺言は、単なる被相続人の希望の表明と解するのは相当でなく、毎年金銭を継続的に給付することを内容とする金銭債権の遺贈と解するのが相当である。

請求人は、相続税の期限内申告の時点で既に承知していた本件遺言書の内容に基づき、本件受遺者に対して実現すべき金銭債権の相続開始時の価額を評価し、それを相続財産の価額から控除して課税価格を計算すべきであったにもかかわらず、これをしなかったにすぎないのであるから、本件調停の成立によりその具体的な内容が確定したことを理由として、当然に国税通則法第23条第２項第１号の規定による更正の請求ができると解するのは相当ではない。

しかしながら、遺言の解釈において、結果的には遺贈の効力を認めるべきではあるものの、納税者がその効力の有無につき疑問を抱いたとしてもやむを得ないと認められる客観的な事情が認められることにより、申告等の時点において、遺贈の実現義務の負担を確実には予想し得ず、相続財産の価額からその義務の金額を控除しないところにより課税価格を計算したことにつき納税者に責めを負わせることが酷と認められる事情が存する場合には、国税通則法第23条第２項第１号の規定による更正の請求を認めるのが相当である。

本件遺言については、文言からみる限りでは、遺贈としての効力を巡って、判断の分かれる余地の大きいものであると認められ、原処分庁も、不確実なもので、そもそも遺言としての効力はないとの判断にたっていることを踏まえれば、請求人が、期限内申告の時点において、遺贈の実現義務の負担を確実には予想し得なかったとしてもやむを得なかったものと認められる。

したがって、本件更正の請求は、国税通則法第23条第２項第１号に該当し、適法なものと解するのが相当である（平12. 6.26裁決・TAINSJ59-1-02)。」

この裁決は、更正の請求の可否を判断するうえで、参考になる事例である。

２　配偶者に係る税額軽減の適用の有無

遺産分割がなされていない場合であっても、配偶者が金融機関から払戻しを受けた法定相続分相当の預金は、配偶者に係る相続額の軽減の適用上、「分割された財産」として更正の請求の対象となるとされた事例（平12. 6.30裁決・裁決事例集59号282頁・TAINSJ59-4-24）がある。

裁決の要旨は、以下の通りである。

「相続税法第19条の２第２項は、「分割されていない財産」は配偶者の税額軽減の対象に含めない旨規定しており、また、同法第32条６号は、この「分割されていない財産」が「分割された場合」には、更正の請求ができる旨規定している。「分割されていない財産」を税額軽減の対象としていないのは、配偶者が実際に取得した財産に限りその対象とする趣旨と解され、このことから、この「分割されていない財産」には、配偶者が特定遺贈を受けた財産等、既に配偶者が実際に取得しており分割の対象とならない財産は含まれない（軽減の対象となる）ものと解されている。

ところで、最高裁判決（昭29．４．８第１小法廷判決、昭30．５.31第３小法廷判決）によれば、相続財産中に可分債権があるときは、その債権は法律上当然に分割され（分割の対象とならない）、各共同相続人がその相続分に応じて権利を承継するとされているが、他方、家庭裁判所における遺産分割審判においては、遺産全体の分割を円滑に行う等の事情から相続人全員が合意した場合には、可分債権であっても、遺産分割の対象としている取扱いが定着しているものと認められる。そうすると、可分債権であることをもって分割の対象とならないとみることは相当でなく、配偶者が現実に取得していない段階では、相続税法第19条の２第２項に規定する「分割されていない財産」に含まれ、税額軽減の対象とはならないと解するのが相当である。

しかし、預金債権についてみた場合、分割がなされない場合であっても、配偶者がその法定相続分相当について金融機関に払戻請求を行い、実際に払戻しを受けたときには、配偶者はその金員を実効支配するに至っていることから、その払戻しを受けた預金は、「分割されていない財産」から除外され、税額軽減の対象になると解するのが相当である。

同様に、更正の請求においても、払戻しを受けた法定相続分相当については、「分割された財産」に該当するものとして、更正の請求の対象になると解するのが相当である。」

なお、この事案は、平成28年12月19日の最高裁が、「金銭債権は不可分債権である」と判例変更する前の事案である。

ケーススタディ　相談事例

Case4 死後認知の方法

私は婚姻関係にない父と母の間に生まれました。父には戸籍上の子がいます。私は父の子であることに間違いないようですが、いまだ認知されていません。死後認知について教えてください。

Answer ✍Study

非嫡出子と父との親子関係は、認知によってはじめて成立する。したがって、認知前においては、その子に父の財産についての相続権もない。非嫡出子との父子関係は、たとえそれが医学上確実であっても、法律上当然には発生せず「認知」によってはじめて生じることになる（民779）。ＤＮＡ鑑定で血縁関係が否定された場合に法律上の父子関係を取り消せるかが争われた訴訟の上告審でも、最高裁は、「妻が結婚中に妊娠した子は夫の子とする民法の「嫡出推定」規定は、ＤＮＡ鑑定の結果より優先される」と判示して、医学上より民法上の規定を優先している（最判平26. 7.17民集68巻６号547頁）。

認知の方法には、任意認知と強制認知があり、任意認知には、（イ）生前に行う認知と（ロ）遺言による認知（民781②）がある。任意認知は、文字どおり認知者が任意に行う認知であり（民779）、戸籍の届出をすることにより効力を生じる（戸籍法60～62）。遺言による認知の場合は、遺言執行者が戸籍の届出をする必要がある（戸籍法64）。

認知には、原則として被認知者の意思は要件とされていないが、成年の子を認知するには被認知者の承諾を要する（民782）。胎児を認知することもできるが、この場合は、その母の承諾が必要である（民783①）。父がすすんで認知しないときは、子、その直系卑属又はこれらの者の法定代理人から「認知の訴え」を起こすことができる（民787）。これを強制認知又は裁判認知という。しかし、この裁判認知については、その前提として調停前置主義が採用されているため（家事法244）、いきなり裁判所に認知の訴えを提起することはできず、まず家庭裁判所に調停の申立をしなければならない（家事法257①）。父又は母が死亡した後も検察官を相手どって「死後認知」を求める裁判を行うことができるが、父又は母の死後３年を経過すると認知の訴えは提起できなくなる（民787ただし書）。

認知の主たる効果は、被認知者である子の出生時にさかのぼって親子関係が生じることである（民784）。そして、この効果は相続の場合にも適用され、すでに行われた遺産分割も無効になり複雑な問題が生じるため、他の共同相続人が、すでに遺産の分割その他の処分をした後であるときは、被認知者には、価額による支払請求権のみを有することにしている（民910）。

なお、平成25年９月４日の最高裁判決により、現在は、嫡出子と嫡出でない子の法定相続分は同一である（民集67巻６号1320頁）。

支払請求権の「価額」とは、相続開始時の価額ではなく、支払請求時の時価である。したがって、その時点で遺産を時価評価し、これに被認知者の相続分を乗じて算出した金額を各共同相続人の相続分に応じて按分して請求することになる。

Case5　法定相続人のいない被相続人の公正証書遺言

甲は、自己の所有する宅地を社会福祉法人Ａに貸し付け、その宅地の上に法人Ａが建設した老人介護施設において生活をしていましたが、平成24年６月に死亡しました。法定相続人のいない甲は、自己の遺産について次の内容の公正証書遺言を残しています。

①　老人介護施設の敷地の用に供されている宅地を相続開始３年後に老人介護施設が存続する場合は法人Ａの代表者乙に遺贈し、存続しない場合は配偶者の姪丙（生計別）に遺贈する。

②　①の宅地を除く現金預金等の一切の財産は、丙に遺贈する。

ただし、甲に係る債務・葬式費用の負担を条件とする。

この場合において、

（１）甲の平成24年分の所得税の準確定申告は、誰が行わなければなりませんか。

（２）乙及び丙に係る相続税申告は、どのようにすればよいのでしょうか。

Answer

（1）平成24年分の所得税の準確定申告書は、包括受遺者である丙が行わなければなりません。

（2）当初の相続税の期限内申告書は丙のみが提出することとなり、その後、乙が宅地を取得した時点で、乙は期限内申告書を提出し、丙は更正の請求を行うこととなります。

✍Study

1　包括受遺者丙と準確定申告

遺言者（被相続人）は、包括又は特定の名義でその財産の全部又は一部を処分することができる。包括遺贈とは、遺産の全部又はその分数的割合を指定する遺贈をいい、特定遺贈とは、目的物を特定する遺贈をいう。

この事例では、①の宅地以外の財産を丙に遺贈するとあるが、個々の特定財産の残りを全て遺贈するという遺言処分は包括遺贈と解されており、丙は包括遺贈により財産を取得する包括受遺者となる。また、民法では、包括遺贈は、相続分という割合において被相続人の地位を承継する相続人と共通することから、包括受遺者は、相続人と同一の権利義務を有すると規定している。

次に、所得税法では、居住者が年の中途において死亡した場合において、その者のその年分の所得税について確定所得申告書を提出しなければならないときは、その相続人は、確定損失申告書を提出する場合を除き、その相続の開始があったことを知った日の翌日から４月を経過した日の前日までに、確定申告書を提出しなければならないとされており、この相続人には包括受遺者を含むものとされている。

したがって、甲の平成24年分の所得税の準確定申告は、包括受遺者である丙が行わなければならない。

2　丙の相続税の期限内申告

停止条件付遺贈について民法では、「遺言は、遺言者の死亡の時からその効力を生ずる。」（民985①）とし、さらに「遺言に停止条件を付した場合において、その条件が遺言者の死亡後に成就したときは、遺言は、条件が成就した時からその効力を生ずる。」（民985②）としている。つまり、受遺者は、相続開始の時に将来の条件成就により確定的に遺贈財産を取得できるという条件付権利を取得し、その後の条件成就の時に遺贈財産を取得するものとされている。他方、遺言者の相続人（包括受遺者を含む）は、相続開始の時に遺贈財産を相続するとともに、その時から条件付権利に対する義務を負い、その後の条件成就の時に遺贈財産に対する権利を失うことになる。したがって、丙の期限内申告書の提出時には、停止条件付遺贈の対象となった財産を未分割財産として取り扱うこととなり、丙は包括遺贈財産に加えて未分割財産となる①の宅地を取得したものとして、相続税の期限内申告書を提出することとなる。

また、丙が負担した債務・葬式費用は債務控除の適用を受けることができる。

３　乙の相続税の期限内申告及び丙の更正の請求

そして、停止条件が成就した場合には、その成就の時に遺贈財産は受遺者に帰属するので、受遺者にはその時に遺贈財産を取得したものとして相続税が課される。したがって、乙は停止条件が成就した日（相続の開始があったことを知った日）の翌日から10月以内に申告書を提出しなければならない。この際、課税価格に算入すべき価額は、相続開始の時における価額によるので注意が必要である。

次に、①の宅地を未分割財産として相続税を納付した丙は、条件成就に伴い減少する相続税の課税価格につき、相続税法に規定する未分割財産が分割されたときの更正の請求の特則に準じて、停止条件が成就した日の翌日から４月以内に限り、更正の請求により相続税の還付を受けることができる。

また、停止条件が成就しなかった場合には、乙に財産は遺贈されないため、丙は未分割財産を分割により取得したことになる。

Case6　遺贈によって財産を取得した子供会に対する相続税課税

私は子供会の会長だが、遺言で財産を子供会へ贈与したいと思っている。子供会 に対して相続税がかかりますか。

Answer

子供会は、人格のない社団に該当し、個人とみなされて相続税が課税されます。

Study

相続税は、原則として、相続や遺贈によって財産を取得した個人にかかるのであるが、次に掲げる場合においては、個人とみなされて納税義務者となる（相基通１の３・１の４共－２）。

事例は、（２）に該当する。

（１）法第９条の４第１項又は第２項に規定する信託の受託者（個人以外の受託者に限る。以下１の３・１の４共－２において同じ）について同条第１項又は第２項の規定の適用がある場合

→当該信託の受託者

（２）代表者若しくは管理者の定めのある人格のない社団若しくは財団を設立するために財産の提供があった場合又はその社団若しくは財団に対し財産の遺贈若しくは贈与があった場合

→当該代表者若しくは管理者の定めのある人格のない社団若しくは財団

（３）持分の定めのない法人（持分の定めのある法人で持分を有する者がないものを含む。以下１の３・１の４共－２において同じ）を設立するために財産の提供があった場合又はこれらの法人に対し財産の遺贈若しくは贈与があった場合において、当該財産の提供又は遺贈若しくは贈与をした者の親族その他これらの者と法第64条第１項に規定する特別の関係がある者の相続税又は贈与税の負担が不当に減少する結果となると認められるとき

→当該持分の定めのない法人

（４）法66条の２第２項１号に規定する一般社団法人等の理事である者（当該一般社団法人等の理事でなくなった日から５年を経過していない者を含む）が死亡した場合において、当該一般社団法人等が同項第３号に規定する特定一般社団法人等に該当するとき

→当該特定一般社団法人等

Case7 信託銀行が遺産である不動産の信託設定等を行った場合

被相続人甲の次の遺言に基づき、遺言執行者に指定されたX信託銀行が遺産である不動産の処分、信託の設定等を行った場合の相続税及び譲渡所得の課税関係はどうなるのでしょうか。

（１）遺産の全てである不動産と預金、有価証券を遺言の目的とします。

（２）Xにおいて、遺産のうちの不動産及び有価証券を売却処分し、その売却代金と預金の合計額で次のとおり遺贈又は信託の設定を行います。

①　相続人５名に各200万円（合計1,000万円）を遺贈します。

②　売却代金及び預金の合計額から、上記①、債務（未払租税公課を含みます）、遺言の執行に要する費用等を除いた残金で奨学金給付事業を行う公益信託を設定します。

なお、遺言に基づき設定される公益信託は、所得税法施行令217条の２第１項各号に掲げる要件を満たす公益信託（特定公益信託）です。

Answer Study

１　相　続　税

適正な対価を負担せずに信託の受益者及び特定委託者となる者がある場合には、遺言により信託の効力が生じた時において、その受益者等がその信託に関する権利を委託者から遺贈により取得したものとみなされ相続税の課税対象となる（相法９の２①）。そして、受益者の定めのない信託である公益信託の委託者（その相続人その他の一般承継人を含む）は、相続税法９条の２第５項に規定する特定委託者に該当するものとみなして、相続税法の規定を適用するとされている（相法附則24）ことから、公益信託の委託者に相続が開始した場合には、特定委託者とみなされる相続人は公益信託に関する権利を委託者から遺贈により取得したものとみなされることとなるため、その権利は相続税の課税対象となる。

しかしながら、その公益信託が所得税法施行令217条の２第１項各号に掲げる要件を満たす特定公益信託であるときは、その信託に関する権利の価額は零として取り扱うこととされている。

事例の場合のように、遺言により遺産を換価し、その換価代金で特定公益信託を設定する場合も、遺産そのものを遺言により特定公益信託を設定する場合と異なるものではないので、換価された遺産のうち、特定公益信託の信託財産とされた金額に相当する部分以外の価額についてのみ相続税の課税対象となる。

なお、その区分は、換価された遺産の価額（評価額）に、換価代金から換価費用を除いた金額のうちに占める特定公益信託に充てられた金額又は充てられなかった金額のそれぞれの割合を乗じて計算する。

2　譲渡所得

遺産の換価処分は遺言執行者において行われるが、この換価処分は遺言執行者の職務（民1012）としてなされるものであり、また、遺言執行者がその権限内において遺言執行者であることを示してした行為は相続人に対して直接にその効力を生じる（民1015）から、遺産の換価処分に係る譲渡所得については、法定相続分に応じて各相続人が申告する必要がある。

Case8 資力を喪失して債務を弁済することが困難である場合

自営業を営む甲は、資産１億円（相続税評価額）、負債２億円（元本額）を有しており、１億円の債務超過になっていましたが、当該負債のうち1.5億円について、被相続人乙（甲の伯父）の遺書により債務免除を受けました。この場合、相続税法８条ただし書に規定する「資力を喪失して債務を弁済することが困難である場合」に該当する金額はいくらでしょうか。

Answer

債務免除の総額ではなく、債務超過であった１億円です。

Study

相続税法８条ただし書に規定する「資力を喪失して債務を弁済することが困難である場合」に該当するかどうかは、債務免除前で判定する。事例の場合、債務免除を受けた1.5億円のうち同条ただし書の規定によりみなし遺贈の対象とされない金額は１億円であり、残額の0.5億円についてはみなし遺贈の対象となり相続税の課税対象となる（相基通８－４、７－４）。

Case9 口頭による遺言

父は、今年の６月に亡くなりましたが、生前父の兄（既に死亡）の子Ａを私と同様に養育していました。父は、このＡに所有の宅地を「自分が死んだらやってくれ」と病床で言っていましたので、父の遺志どおり、この宅地を私たち相続人で協議の結果、Aに分与することにしました。特に遺言書は作成されていないのですが、Ａに与えられた宅地は、相続税法上遺贈として扱われるでしょうか。

Answer

Ａがもらった宅地は、正式な遺言による取得ではないので、遺贈の取扱いを受けることはできません。相続人からの贈与ということになります。

✍Study

遺贈とは、遺言によって、遺産の全部又は一部を相続人その他の者に無償で譲与することをいう。相続税法においては、民法に規定する相続又は遺贈により取得した財産のほか、相続税法により相続又は遺贈により取得したものとみなされた財産に対し相続税が課される。本問に関して、民法に規定する遺言のあらましは、次のとおりである。

遺言は、民法に定める方式に従わなければ、それをすることができないことになっており（民960）、遺言の方式には、「普通の方式」と「特別の方式」として、病気その他で臨終間近の場合等に作成されるものがある（民967）。

【普通の方式】

（１）自筆証書遺言（民968）

（２）公正証書遺言（民969）

（３）秘密証書遺言（民970）

【特別の方式】

（1）一般危急時遺言（民976）

（2）伝染病隔離者遺言（民977）

（3）在船者遺言（民978）

（4）船舶遭難者の遺言（民979）

本問では、特に証書は作成されていないということなので、特別の場合に認められる遺言かどうかということになるが、特別の方式で一般危急時遺言の場合については、次のとおりである。

疾病その他の事由により死亡の危機が迫った者が遺言を行う場合には、証人が３人以上必要で、そのうちの１人に口授することになる。そこで、口授を受けた者は、筆記し、遺言者及び他の証人に読み聞かせ、又は閲覧させ、各証人がその筆記の正確なことを承認した後、これに署名押印しなければならない。このような遺言書は、遺言の日から20日以内に、証人１人又は利害関係人から家庭裁判所に請求して確認を受けたときに、その効力が生じることになっている（民976④）。したがって、このような手続がとられていないので遺贈とならない。

Case10 国際相続における遺言

国際相続における遺言について教えてください。

Answer Study

「法の適用に関する通則法（以下「通則法」と呼ぶ）」37条で、遺言準拠法を以下のように規定している。

① 遺言の成立及び効力は、その成立の当時における遺言者の本国法による。

② 遺言の取消しは、その当時における遺言者の本国法による。

この37条１項が問題になるのは、遺言者の意思能力の問題に限られる。又、２項は、我が国民法で言うと民法1022条の撤回を意味する。遺言は、遺言者の死亡によってその効力が発生するものである。そのため、遺言の内容が遺言者の真意に出たものか否かの判断が困難となる。そこで、遺言が遺言者の真意に出たものであること（遺言の有効性）を担保するため、各国実質法は遺言について厳格な方式を要求している（日本の場合は、民法967条以下に規定）。

このため、複数の国にまたがって生活している者が作成した遺言が方式上有効か否かを単一の準拠法のみによって判断することとすると、遺言者が前提としていた法とは異なる法が準拠法として適用されてしまい、それにより遺言が無効とされる危険性が高くなってしまう。そこで、遺言の方式については一般の法律行為以上に多数の連結点を挙げ、それらの選択的連結とすることで遺言が方式上無効とされる可能性を低くすべきであると考えられた。このような趣旨で作成されたのが「遺言の方式に関する法律の抵触に関する条約」であり、わが国はこの条約を批准し、それに対応する法律として「遺言の方式の準拠法に関する法律」を制定した。

この法律の２条は、準拠法について、以下のように規定している。

遺言は、その方式が次に掲げる法のいずれかに適合するときは、方式に関し有効とする。

一　行為地法

二　遺言者が遺言の成立又は死亡の当時国籍を有した国の法

三　遺言者が遺言の成立又は死亡の当時住所を有した地の法

四　遺言者が遺言の成立又は死亡の当時常居所を有した地の法

五　不動産に関する遺言について、その不動産の所在地法

我が国民法は、公正証書による遺言以外は、遺言書の検認が必要になる。わが国と同様に、ドイツ民法2260条、スイス民法557条、フランス民法1007条等は、遺言書の検認の規定をおいている。この検認は、少なくとも直接的には権利義務関係に影響せず、単に遺言書の偽造・変造を防止し、かつ、遺言書を確実に保存する（証拠保全）ための、検閲・検証手続である。

これに対して、英米法系にみられるプロベート（probate）は、相続財産につき、まずこれを人格代表者に帰属せしめ、その後管理清算の処理をなし、残余の積極財産を相続人に分配する手続の一過程において、死者が有効な遺言を残したか否かを確定する実体的な効果を伴う手続である。このプロベートは、英国、米国はもちろんオーストラリア、ニュージーランドの他、シンガポールや香港も採用している。

韓国は、日本と同様に相続統一主義を採用しているが、例外として遺言書で準拠法を変更することができる。例えば、被相続人が、長年日本で暮らし日本で死亡した在日韓国人の場合で、その者が遺言により日本の民法を適用することを指定していた場合には、反致により、日本の民法が相続準拠法となる。また、被相続人が不動産については日本法によることを遺言で指定した場合には、不動産については日本法が、その他の財産については韓国法が相続準拠法となる。

日本政府は台湾（中華民国）を正統政府として承認していないが、国際相続における判例通説は、通則法38条３項（当事者が地域により法を異にする国の国籍を有する場合には、その国の規則に従い指定される法（そのような規則がない場合にあっては、当事者に最も密接な関係がある地域の法）を当事者の本国法とする）を類推適用して、台湾（中華民国）の法律を適用している。ところで、台湾は、日本と同様に、遺言により遺留分を侵害された場合に、遺留分の減殺請求権を行使できるが、一方の中国は、遺言で法定相続分を侵害されても、そのまま相続が実行される。つまり、中国には遺留分減殺請求権がないのである。ただし、相続分の不均等（必留分）、特留分という、遺留分とは異なる独特の規定（概念）がある（特留分とは、台湾の遺留分に類似している）。

Case11 相続させる旨の遺言による場合の登記の要否

相続させる遺言は、登記なくして第三者に対抗できましたが、法改正により取扱いが変わったと聞きました。内容を教えてください。

Answer Study

遺産分割協議による場合や遺贈の場合と異なり、相続させる旨の遺言による場合は、登記なくして第三者に対抗できた。

最判平成14年６月10日（民集206号445頁）は、相続人に対し「相続させる」旨の遺言により特定の不動産を承継させた事案において、「特定の遺産を特定の相続人に相続させる趣旨の遺言は、特段の事情のない限り、何らの行為を要せずに、被相続人の死亡の時直ちに当該遺産が当該相続人に相続により承継される。このように、『相続させる』趣旨の遺言による権利の移転は、法定相続分又は指定相続分の相続の場合と本質において異なるところはない。そして、法定相続分又は指定相続分の相続による不動産の権利の取得については、登記なくしてその権利を第三者に対抗することができる」と判示し、これにより相続人が相続分の指定又は「相続させる」旨の遺言により法定相続分を超える遺産を特定の相続人に承継させた場合については、対抗要件を具備せずともその権利を第三者に対抗することができるとされていた。

ところが、改正後の民法は、「相続による権利の承継は、遺産の分割によるものかどうかにかかわらず、次条及び第901条の規定により算定した相続分を超える部分については登記、登録その他対抗要件を備えなければ、第三者に対抗することができない。」とした（民899の２①）。これにより、相続による権利の承継は、遺産分割、遺贈、相続分の指定又は「相続させる」旨の遺言であっても、法定相続分を超える部分については、権利を承継した相続人と他の相続人から権利を譲り受けた第三者とは対抗関係に立つことで統一された。

したがって、今後は登記を早急にすべきである。

XI　おわりに

遺言書を作成するにあたってのさまざまな注意点を述べてきた。自筆証書遺言の方式緩和は2019年１月13日から施行されているが、遺留分侵害額請求の金銭債権化や婚姻期間20年以上の夫婦間の居住用不動産の贈与や遺贈の持戻し免除の意思表示の推定規定は、2019年７月１日の施行である。遺言した後、いつ死亡するかによってその効力が変わってしまうことのないよう遺言の作成日やその文言に注意を払わなければならない。

そして、遺言書に、建築途中の建物や土地区画整理中の土地、絵画等の美術品、自動車等を記載する場合、あるいは別紙をつける場合は、財産が特定できるように注意しなければならない。また、インターネット銀行の預金口座、証券口座、電子マネー、ビットコインのような暗号資産は、死亡後に相続人が把握するのは困難を伴うため、率先して遺言書に記載しておくべきである。さらに、遺贈による登記は、包括遺贈・特定遺贈を問わず、登記権利者である受遺者と登記義務者たる遺言執行者又は相続人との共同申請によらなければならず、相続人の協力が得られない場合も想定されるので、あらかじめ遺言執行者を選任しておくべきである。また、子供のいない夫婦が二人で汗水流して築いた財産は、配偶者に相続させるようお互いが遺言書を作成しておくべきである。この時、共同遺言禁止の原則があるので、それぞれが別々の遺言書を同時に作成しておく必要がある。

最後に、遺留分侵害額請求が金銭債権化したとはいえ、争族にならない配慮が遺言作成者には必要である。例えば、「長男○に対して、事業資金5,000万円を貸し付けていたが、この貸金の返済を特別受益として免除する。この特別受益を考慮して長男○の相続内容を前記のように定めたのであるから、長男○は遺留分侵害額請求権を行使しないで欲しい。」といった「付言事項」を遺言書に記載しておくのである。これは、法的拘束力はないが、遺言者が遺言書に込めた思いを相続人等が知ることによって、紛争防止に繋がるのではと思うのである。

〈参考資料〉

・小池正明『四訂版 民法・税による遺産分割の手続と相続税実務』（税務研究会出版局、平成 19 年）65 頁～
・小池正明『税理士のための相続法と相続税法　法務と税務の視点』（清文社、2019 年）139 頁～
・東京弁護士会編著『新訂第四版 法律家のための税法』（第一法規、平成 16 年）29 頁、299 頁ほか
・鈴木雅博「特定遺贈で予測される他の相続人とのトラブルと税務問題」税理平成 18 年 10 月号 163 頁～
・鈴木雅博「Case30　相続人全員の合意がある場合の遺言の内容と異なる遺産分割の可否」216 頁～日本税務研究センター『税理士のための法律学講座』（大蔵財務協会、平成 20 年 3 月）
・上西左大信『民法改正でこうなる！税理士のための相続実務』（ぎょうせい、平成 30 年）

・関根稔『相続法改正対応！税理士のための相続をめぐる民法と税法の理解』（ぎょうせい、平成 30 年）
・日本弁護士連合会『Q&A 改正相続法のポイント―改正経緯をふまえた実務の視点―』（新日本法規出版、平成 30 年）
・内田久美子『知らなきゃ困る！税理士業務のための民法改正ハンドブック～相続法編～』（第一法規、平成 31 年）
・堂薗幹一郎・野口宣大『一問一答新しい相続法―平成 30 年民法等（相続法）改正、遺言書保管法の解説』（商事法務、平成 31 年）
・東京税理士界 平成 25 年 7 月 1 日第 678 号掲載「東京税理士会会員相談室」
・近畿税理士界 平成 24 年 8 月 10 日第 580 号掲載「近畿税理士会業務相談室」
・国税庁質疑応答事例相続 0311
・国税庁質疑応答事例相続 7395
・神前禎・早川吉尚・元永和彦『国際私法（第 3 版）』（有斐閣、平成 24 年）
・矢澤昇治「遺言の検認」『国際私法判例百選』別冊ジュリ 185 号 76 事件 154 頁
・山田 & パートナーズ『国際相続の税務・手続 Q&A』（中央経済社、平成 24 年）
・朱曄「中国相続法の現代的課題」立命館法学 285 号
・蓑毛誠子・坂田真吾編著『顧問税理士ならこれだけは知っておきたい相続法改正 Q&A』（中央経済社、平成 31 年）

〔鈴木雅博〕

〈コラム13〉

遺言制度と遺言と異なる遺産分割

○相続させる遺言の効果（最判平３．４.19TAINS　Z999-5115）単独登記が可能だが、遺言拒否の場合は、相続放棄（民938）になる。

○遺言者より先に推定相続人が死亡した場合は、その推定相続人の代襲相続人に遺産は承継されない（最判平23．２.22）。

○遺留分の生前放棄（民1049）は、代襲相続人に引き継がれる（民901）。

○遺言執行人がいる場合でも、遺言執行者の同意がある場合は、相続人・受遺者全員が合意の上で遺言と異なる処分行為をしても民法1013条（遺言の執行の妨害行為の禁止）に違反せず、当該財産の処分は有効である（東京地判昭63．５.31・判時1305号90頁）。

○包括遺贈の代襲相続はない。包括受遺者は、登記がない限り第三者に対抗することはできない。遺贈による登記は（包括遺贈であるか特定遺贈であるかにかかわらず）、登記権利者である受遺者と登記義務者である相続人又は遺言執行者との共同申請によらなければならない。

○これに対して、「相続させる遺言」は、登記等の対抗要件を備えなくても、その権利の取得を第三者（相続債権者等）に対抗することができると判示していた（特定財産承継遺言につき最二判平14．６.10家月55巻１号77頁。相続分の指定につき最二判平５．７.19家月46巻５号23頁）。しかし、新法では、相続を原因とする権利変動（相続させる遺言）についても、これによって利益を受ける相続人は、登記等の対抗要件を備えなければ法定相続分を超える権利の取得を第三者に主張することができないこととした（民899の2①）。

○遺贈の放棄は、特定遺贈のみで、包括遺贈の場合は相続放棄しかない。

○遺贈の放棄は、相続放棄のように（３か月）期間の定めがないが、遺贈義務者（相続人、包括受遺者、遺言執行者、相続財産管理人）は、相当の期間を定めて、遺贈の承認又は放棄をすべき旨を催告することができる。その期間内に受遺者が意思表示をしないときは、遺贈を承認したものとみなす（民法987）。

○判決は、「本件遺言は、受遺者が遺贈の放棄をした時点で遺言執行者がすべき遺言の執行行為は存しなくなったから、相続人が相続財産をどのように処分しようとも、これによって遺言の執行が妨げられることはなく、したがって、本件遺産分割協議の無効を確認する利益はない」として遺言執行者の請求を棄却している（東京地判平10．７.31金融・商事判例1059号47頁）。

※「相続させる遺言」の場合は、当該相続人が単独で目的不動産の所有権移転の登記申請が可能となるため、遺言執行者は、相続登記の手続に関する権利も義務も有しなかった。

しかし、新法（令和元年７月１日以降）では、その相続人が法定相続分を超える部分について、遺言執行者は、登記等の第三者対抗要件を備えるために必要な行為をすることができることとなった。

○改正民法が施行された場合には、遺言執行者がいるときの遺産分割は、遺言執行者の同意を得ない限り、遺言の内容と異なる分割協議はできないことになると考えられる（民1012）。

○国税庁質疑応答事例では「相続人全員の協議で遺言書の内容と異なる遺産の分割をしたということは（仮に放棄の手続がされていなくても）、包括受遺者である丙が包括遺贈を事実上放棄し（この場合、丙は相続人としての権利・義務は有しています。）、共同相続人間で遺産分割が行われたとみて差し支えありません。したがって、照会の場合には、原則として贈与税の課税は生じないことになります。」と回答している。

○東京高裁平成11年2月17日判決（確定：金融・商事判例1068号42頁）は、遺言者が自筆証書遺言により特定の不動産を相続人以外の第三者に遺贈するとともに、他の相続財産について各相続人の分配方法を定めたところ、受遺者が遺贈の放棄をしたため、相続財産に復帰した遺贈財産を含めて遺言と異なる内容の遺産分割協議を成立させた事案である。判決は、「本件遺言は受遺者とされた第三者が遺贈を放棄した時点で遺言執行者がすべき遺言執行行為は存しなくなる。また、相続人に３分の１の割合で相続させるとなっているから、相続分及び分割方法の指定があるとみるべきであるが、右３名が具体的にどのように右相続財産を取得するかは、右３名の協議に任されているものと解され、これにも遺言執行者たる原告が関与する余地はないというべきである。遺贈の対象となっていた相続人が相続財産をどのように処分しようとも、これによって遺言の執行を妨げることはなくなったものであり、その遺産分割協議の無効を確認する利益はない」として遺言執行者の遺産分割協議の無効確認の請求を斥けている。

しかし、この判決で、「遺産について被控訴人（注:相続人）ら各自が本件遺言によりいったん取得した各自の取得分を相互に交換的に譲渡する旨の合意をしたものと解するのが相当であり、右の合意は、遺言執行者の権利義務を定め、相続人による遺言執行を妨げる行為を禁じた前記民法の各規定に何ら抵触するものではなく、有効な合意と認めることができる。」との箇所が気になる。遺言執行人がいながら、遺言執行人の合意を得ずに、相続の分配方法を定めた相続をさせる遺言と異なる遺産分割は、税務上は課税のリスクがあり得るので、注意が必要である。

〈コラム14〉

遺留分の放棄

相続の開始前における遺留分の放棄は、家庭裁判所の許可を受けたときに限り、その効力を生ずる（民1049①）。共同相続人の一人のした遺留分の放棄は、他の各共同相続人の遺留分に影響を及ぼさない（民1049②）。

当初、長男夫婦と同居すべく自宅を新築した両親だが、長男の嫁との折り合いが悪く、1年余りで長男夫婦が別居することになってしまった。父は、代わりに同居を申し出た娘夫婦に自宅不動産を相続させることを長男に了承してもらうために、長男夫婦が新たに居住する住宅の購入資金を贈与すると約束した。

父の恩情に感謝した長男は、家庭裁判所に遺留分放棄の申立をした。

http://www.courts.go.jp/saiban/syurui_kazi/kazi_06_26/index.html

家庭裁判所の「家事審判申立書 事件名（ 遺留分放棄の許可 ）」に必要事項を記載し、①父の戸籍謄本（全部事項証明書）、②長男の戸籍謄本（全部事項証明書）、③住宅資金の贈与契約書の写し、④父から住宅資金が振り込まれた通帳等の写しを郵送し、後日、家庭裁判所から「遺留分放棄の許可書」を受け取った。

父は、長男に届いた「遺留分放棄の許可書」を確認したうえで、所有する自宅不動産を娘に遺贈する遺言書を書き留めた。父亡き後も兄弟が仲良く暮らせるようにと、父のとったこの行動は賢明であり、大いに参考になる。

遺留分侵害額請求ができるのは、兄弟姉妹以外の法定相続人である。基本的には、配偶者と子どもと親だが、これらの者の代襲相続人にも遺留分が認められる。相続放棄した者や相続欠格者には遺留分は認められない。

改正前の遺留分制度では、金銭により解決しようとした場合、価格弁償となり、現時点で有している共有持分の代わりに金銭を支払うわけなので、その価値は日々変動し、現時点における共有持分の価値を前提とした金額を支払うこととなる（最判昭51.8.30）。

これに対して、改正後においては、金銭債権化されるので、相続開始時の価額を基準に金額が固定され、その後、金額が変動することはない（堂薗幹一郎「改正相続法の概要」信託277号185頁）。

第8章

遺留分の見直しと事業承継

I　はじめに

遺留分に関する民法相続法関連の改正法が令和元年７月１日より施行された。遺留分制度に関して事業承継に大きく影響のある改正事項は次の２点と考えられる。①②以外にも消滅時効・除斥期間（新法 1048）の取扱い及び裁判所による期限の許可についても、事業承継という視点では重要になる項目のため取り上げる。

遺留分制度の概要と侵害額の解説は「第４章　遺留分侵害額の請求と税務」を参考にしていただきたいが、特に「遺留分侵害額の算定における債務の取扱いの見直し」については計算上重要な項目であるが、事業承継に関しては論点としては副次的であるので本章では取り上げない。

① 相続人に対する生前贈与については、原則として、期間制限なしで遺留分の算定基礎に持ち戻されることになっていたが、今回の改正において、生前贈与を特別受益に限定し、持ち戻す期間を相続開始前の10年間に限定した。ただし、遺留分権利者に損害を与えることを知ってなされた贈与（特別受益）についてはこの限りでない（10年以前の特別受益も持戻しの対象とする)。

② 減殺の対象となる財産が自社株や事業用の財産の場合、これらの財産が遺留分権利者と共有になるケースがあり、紛争を招くケースが散見された。今回の改正において、遺留分請求の物権的効果が債権的効果に変更され、遺留分権利者は、受遺者等に対して、遺留分侵害額に相当する金銭の支払を請求することとされた。また、その金銭債権は、裁判所の許可をもって分割弁済の途も開けている。

これらの改正により、遺留分の対象となる贈与財産の無制限遡及や財産の共有化については一定の歯止めがかかり、相続についての無用なトラブルを避ける道が開かれたと評価できる。ただし、相続財産としての自社株式については、後継者の経営努力が贈与された株式価値の増大につながること（逆もあるが)、さらに事業に携わらない相続人の手にわたる可能性も否定できないなど、遺留分制度に関しての経営上のリスク解消についてはまだまだ課題が多い。

本稿では、経営承継円滑化法に基づく民法特例を振り返り、今回の遺留分の改正を踏まえた中小企業の事業承継について考察する。また、遺留分に関する相続税のあり方についても考察を加えてみる。

Ⅱ　事業承継に係る遺留分制度の見直し

１　遺留分制度（旧法　令和元年６月30日以前開始相続）の概要[1]

（１）遺留分という権利

被相続人には、贈与や遺言により自己所有の財産を自由に処分する権利が認められている。これを自由分という。これに対し、法定相続人のうち、兄弟姉妹以外の相続人には、相続が開始した場合（相続するまでは一種の期待権（条件付権利））、遺留分に相当する利益を相続財産から取得できる権利が認められている。

遺留分の根拠として、亡き者の財産に依存していた者の生活保障と、亡き者名義の遺産に対する潜在的持分の清算が挙げられている（我妻ほか『民法（３）』第２版）。ただし、核家族化や高齢化社会の進行等、配偶者以外の相続人の生活保障や潜在的持分の清算という意味合いが薄れており、被相続人の扶養や資産形成への貢献度（いわゆる対価相続）という視点から相続制度を見直すべきであり、対価相続の最たるものとして事業の承継に関しては、最大限後継者の保護が意識されるべきである。遺留分制度を対価相続の視点から見直し、相続人間の相対的な平等を担保すべきである。さらに、平成 28 年４月から（中小企業経営承継円滑化法の一部を改正する法律・平成 28 年４月１日施行）は、第三者に対する事業用資産の贈与・遺贈（第三者への事業承継）についても、遺留分を制限できることになったが、これも事業後継者である第三者に対する贈与（円滑化法の対象外の贈与）を想定した相続開始前１年以内の贈与（害意がある場合には原則無制限に遡る）財産は、当然に遺留分の基礎となる財産に算入されるというリスクは回避されていない。

１　片岡武・菅野真一（編著）『家庭裁判所における遺産分割・遺留分の実務』（日本加除出版、平成27年11月）442頁以降を参照した。

（2）遺留分制度（旧法　令和元年6月30日以前開始相続）の問題点

現行の遺留分制度は、戦後の改正において一部の手直しがなされただけであり、以下のような問題点が指摘されていた[2]。

① 共同相続人間の減殺請求

現行法は旧法をそのまま踏襲したため、家督を護るための第三者への贈与に対する遺留分を想定しているが、現実の事案のほとんどを占めている共同相続人間の減殺請求が想定されていない。

② 遺留分の事前放棄

遺留分の事前放棄制度は均分相続の採用と家督相続廃止との妥協の産物ともいえる。恣意性が入ると均分相続との矛盾・トラブルの温床となりかねない。

③ 遺留分割合

遺留分割合が相続分の2分の1、3分の1というのは遺言自由の立場から割合が大きいとの批判もある。

④ 生前贈与の算入

第三者への贈与については、原則として相続開始前1年間の贈与が算入され、それ以前の贈与は悪意がある場合に例外的に算入される（民1030）。

特別受益（共同相続人間の贈与）は、特段の事情がない限り、期間に関係なく無条件で算入される（最判平10.3.24判時1638・82）。これらの遺留分財産への算入は、権利関係が複雑で不安定になる。

⑤ 寄与分との関係

昭和55年に寄与分制度が定められたが、遺留分算定の基礎財産からこれを控除することはされなかった。これは老後の扶養や介護の見返りとしてなされた生前贈与や遺贈であっても、事後的に減殺請求により否定されるということになりかねないということである。

（遺贈を控除した残高の範囲であれば、遺留分額に食い込む寄与分額を定めることは可能（東京高判平3.12.24）だが、寄与分の主張は遺産分割

2　愛知県弁護士会法研究部『［改訂版］Ｑ＆Ａ　遺留分の実務』（新日本法規出版、平成23年3月）7頁。

協議の場（協議が調わない場合は家裁の審判）での請求に限られているので、遺留分減殺請求に対して寄与分を主張して対抗できなかった。）

（3）自社株式の評価の問題点（価値の毀損や増大）

遺留分の計算に取り込まれる受贈財産である株式を売却したり、毀損したりして価値に変動があった場合はどうするのか。このような場合、生前贈与された財産の価額の評価は、民法1044条が準用する同法904条により、「相続開始の時においてなお、現状のままであるものとみなして」その価値を定める。つまり、現存していなくても現存しているものとして評価することになっている。

民法904条は「受贈者の行為によって、その目的である財産が滅失し、また、その価格の増減があっても」現状のままであるものとして価値を定める旨の規定である（これは、第三者への贈与も、相続人への特別受益も、対象になる）。

取引相場のない株式の価格の増減についても、高い価額の時に贈与した場合、価値が下がれば相続開始時の価格で遺留分の計算がなされる。逆に、相続開始時まで価値が上がり続けた場合に、贈与時からの価値上昇部分は、遺留分の計算基礎に含まれるため、経営意欲がそがれることになる。また、売却してしまっていた場合には、その価値上昇部分は、受贈者の固有の資産が侵害されることもあり得る（売却による金額と相続時の価値の差額）。

また、受贈者の責に帰さないで滅失した場合、例えば盗難とか災害、取引相場の株式で言えば、事業上の不慮の事由による価値の毀損がある。これらの事由によって価値が下がった場合は、経営に与える影響はさておき、遺留分については当然に価値の減少を考慮することになる。

（4）遺留分権利者からの価額弁償請求

民法1041条1項は、受贈者・受遺者に現物返還か価額弁償かの選択権を与えている。問題は、受遺者・受贈者が価額弁償の申出をしないのに、遺留分権利者の方から価額弁償を請求することはできないと解されていることである（名古屋高判平6．1.27判タ60・251）。

取引相場のない株式に対し遺留分権利者から減殺請求がなされた場合、後継者である受遺者・受贈者からは価格弁償の申出がない限り、遺留分権利者は価格弁償を請求できない。これは、流通性の乏しい不動産や取引相場のない株式を受遺者等が取得した場合に、遺留分権利者に価額弁償として金銭の請求を認めるとすれば、受遺者より有利な地位を与え、譲渡所得税などの換金による負担を強いることになり不公平であるという理由による。

2　改正民法における遺留分制度の概要

〈遺留分制度の改正のポイント〉

（１）事業承継における遺留分制度（改正前）の問題点

①　事業用財産の共有化

法制審議会（相続関係）民法部会（以下、「部会」という）では、改正前の民法につき事業承継に関する問題として以下の点について指摘があった[3]。

一．減殺される遺贈の対象となる財産が複数ある場合には、遺留分減殺請求権を行使されると、遺留分権利者と受遺者又は受贈者でこれらの財産を共有することになり、この共有関係を解消するためには、別途、共有物の分割手続き等を経なければならない。そのため、相続による法律関係を柔軟かつ一回的に解決することができない。

二．被相続人が特定の者に財産を継がせるため、株式や店舗等の事業用の財産をその者に相続させる旨の遺言をしても、それが他の相続人の遺留分を侵害するときは、遺留分を侵害された相続人は、遺留分減殺請求権の行使により、生前贈与又は遺贈の効力の全部又は一部を否定することができ、事業承継の障害となっている。

特に事業承継の場面において、遺留分減殺請求権の行使による事業用財産の共有化が看過できない障害となっており、円滑な事業承継を困難にさせ、さらにその共有化を原因としてあらたな紛争を生じさせる可能性もあった[4]。

3　法制審議会民法（相続関係）部会　第１回会議（平成27年４月21日）開催　参考資料１　相続法制検討ワーキングチーム報告書・15頁

4　相続法制検討ワーキングチーム報告書・15頁

② 遺留分の算定基礎財産

改正前の民法の解釈では、条文からは読み取ることが不可能であったこと、被相続人が相続開始時から数十年遡った時にした相続人に対する贈与の存在によって、第三者である受遺者が受ける遺留分減殺請求の範囲が大きく変わることになり得るが、第三者に不測の損害を与え、法的安定性を害するおそれがあった[5]。つまり、贈与者、受贈者双方が遺留分権利者に損害を加えることを知って贈与（双方害意）をした場合には、期間制限なく基礎財産に加算されるということが問題であった。

（2）遺留分侵害における民法の改正

① 遺留分侵害請求権の債権化

改正後の遺留分制度では、遺留分権利者等が、受遺者又は受贈者に対し、遺留分侵害額に相当する金銭の支払ができることになった（民1046）。

これは、遺留分の権利が行使されたときには、遺留分権利者の受遺者又は受贈者に対し金銭債権が生ずることを意味する。このような場合に、直ちに支払うことができず、履行遅滞に陥ることになると、受遺者又は受贈者に酷な場合があるので[6]、改正民法では、裁判所は受遺者又は受贈者の請求により、その金銭債務の全部又は一部の支払について、相当の期限を許与することができるとされた（民1047⑤）。

なお、「相当の期限」の具体的な期限は現在未定となっている。遺留分の確定の期限から、「相当の期限」の許与の日までは、遅延損害金が発生すると思われる。これについての何らかの手当てが併せて必要であろう。また遺留分権利者及び遺留分の割合（民1042）、遺留分の放棄（民1049）については改正前と変更はない。

そして、遺留分制度の民法改正は、既に令和元年7月1日以後開始の相続に関し適用されていることに留意する必要がある（これは、以下の②の遺留分の算定基礎財産も同様である）。

5　法制審議会民法（相続関係）部会　第16回会議（平成28年12月10日）開催　議事録27頁（神吉関係官）

6　堂薗幹一郎・野口宣大編著『一問一答　新しい相続法』（商事法務、2019年）126頁。

②　遺留分の算定基礎財産

遺留分の金額は、遺留分を算定するための財産の価額に各人の遺留分の割合を乗じた額である。当該財産の価額は、被相続人が、相続の開始の時において有していた財産の価額にその贈与をした財産の価額を加えた額から債務の全額を控除した額である（民法 1043）。新法では、当該財産に加える贈与の価額については、原則として、相続人以外の者に対する贈与は、相続開始前の１年間にしたものに限り、その価額を算入することになった（民 1044 ①）。そして、相続人に対する贈与（特別受益に限る）は、相続開始前の 10 年間にしたものに限り、その価額を算入することになった。

ただし、贈与者、受贈者双方が遺留分権利者に損害を加えることを知って贈与（双方害意）をした場合には、期間制限なく基礎財産に加算されることについては、改定はなされていない。

遺留分侵害額の計算方法（新 1046 ②） 計算式　各相続人の遺留分額－（１）－（２）＋（３） （１）遺留分権者が受けた遺贈又は特別受益の価額（１号） （２）具体的相続分に応じて遺留分権者が取得すべき遺産の価額（２号） （３）遺留分権者が承継する債務（３号）

遺留分侵害額の算定の基準時については、相続税法の取扱いと民法上の取扱いに齟齬があった。相続税法では、原則として相続開始時であるが、これに対し民法上の価額弁償金における価格算定の基準日は、現実に支弁されるときであり、当該価額弁償を請求する訴訟にあっては、実務上、口頭弁論終結の時と解されている[7]。

改正後の遺留分制度においては侵害額の評価の基準は全て相続開始時を基準として行うことされている[8]。

Ⅲ　事業承継における遺留分制度

先代経営者から後継者へ非上場株式や事業用資産などを承継する上で、

7　最判昭51．８．30民集30巻７号768頁。

8　沖野眞巳他「相続法の改正をめぐって」ジュリスト1526号32頁。

贈与税・相続税の負担が大きいという実情を鑑みて、事業承継を円滑化するための様々な税制上の施策が手当されている。平成20年10月から事業承継税制（非上場株式についての贈与税・相続税の納税猶予制度及び個人の事業用資産に係る贈与税・相続税の納税猶予制度）が、改定を重ねながら運用されてきた。他にも、小規模宅地等についての課税価格の計算の特例（措法69の4）、相続財産に係る株式をその発行した非上場会社に譲渡した場合のみなし配当課税の特例（措法9の7）などがある。

ただし、実務上、後継者が事業用の財産を承継する際には、税制の手当のみでなく、後継者以外の相続人の遺留分も考慮する必要がある。事業承継のための遺留分制度として、円滑化法では、遺留分に関する民法の特例が規定されている。以下、経営承継円滑化法について概観する。

1　経営承継円滑化法と改正の経緯

（1）経営承継円滑化法とは[9]

経営の承継に伴い発生する「イ．相続税及び贈与税の負担軽減」「ロ．事業承継時の資金調達難の解消」「ハ．民法上の遺留分の制約解除」といった、諸問題に対応するため、「中小企業における経営の承継の円滑化に関する法律（中小企業における経営の円滑化に関する法律（中小企業経営承継円滑化法））が平成20年10月1日（民法の特例に関する規定は平成21年3月1日）から施行されている。

（2）中小企業経営承継円滑化法の一部を改正する法律（平成28年4月1日施行）

遺留分特例制度の対象が、親族外（社員や取引先経営者などの第三者）へ拡充された。

事業の承継は大きく分類すると社内承継と社外承継（いわゆるM＆A）に大別される。さらに社内承継は経営者の親族と社員・役員（広義には取引先も含まれることがある。以後、「役社員等」という）とに分類されよう。

経営能力のない親族が取引相場のない株式を取得したとしても、その株

9　『第45回年次大会　研究報告書』（東京税理士会、平成21年11月）123頁以降に詳しい。

式価値は経営の悪化とともに毀損し、無価値になる可能性もあり、また換金も配当収受もままならないことになる。また、旧代表者が亡くなった後に企業譲渡(いわゆるM＆A)の形態で株式譲渡を試みても経営にかかわってこなかった親族には、その企業の価値の評価もできないであろう。

長年勤務して、会社の経営をバックアップしてきた社員（や取引先）は、会社の状況を把握し、対象企業経営者の親族と交流を重ねてきた可能性もある。平成28年4月1日改正以後の遺留分特例の合意については、民法特例に規定する後継者に、親族外の者も対象にしているのは実務に則していると評価できる。

2　遺留分特例の概略

（1）除外合意

除外合意とは、旧代表者から後継者が贈与を受けた株式等に関し、その価額については遺留分を算定するための基礎財産には算入しないこと、すなわちその株式等を基礎財産から除外する旨を旧代表者の推定相続人全員で行う合意である（経営承継円滑化法4①一）。

（2）固定合意

固定合意とは、旧代表者から後継者が贈与を受けて株式に関し、遺留分算定の基礎財産に算入する価額を一定の価額に固定する旨を、旧代表者の推定相続人全員で行う合意である（経営承継円滑化法4①二）。

3　遺留分放棄制度と遺留分特例との違い

（1）遺留分放棄制度

遺留分放棄はどのような場合に利用されるのか。私が経験した事例では、Aの推定相続人はB（姉）及びC（弟）であったが、Bが死亡。その代襲相続予定者D、E（孫）に対し生前にかなりの現金を贈与した。というのは、その父親（Bの配偶者）が浪費家で人格的にも問題があったため、子供に直接の学費及び生活費を渡したのである。農家であったので、Cに財産を集中させるべくDとEに遺留分の放棄をさせた。

遺留分放棄を適用する動機としては、非嫡出子の認知をする代償としての放棄や、亡き父の遺産分割において、近く予想される母親の遺産相続についての争いを避けるための放棄等がある。ただ、遺留分放棄の申立ては、遺留分権利者の自由意思を抑圧してなされる恐れがあるとして厳格に運用すべきだという意見も強い。ただ、家裁の運用の実態は申立ての９割が認容されているようである。相続開始前の遺留分の放棄は、家裁の許可を受けた場合に限り、その効力を有する（民 1043）。

許可の基準については、次の要件が必要といわれている。

①　放棄が本人の自由な意思に基づいていること。

②　放棄の理由に合理性・必要性のあること。

制度の趣旨が、放棄を強制強要することのないように家裁のチェックを要件としたことからすると、許可の要件としては①が中心であるが、②の具体的な内容としては放棄の代償性の有無を重視すべきであるという説が有力であり、実務的にもそのように運用されている。

なお、遺留分を放棄した相続人は、被相続人の遺産について相続権を主張できるかどうかという論点があるが、遺留分の放棄は、相続人が自分の遺留分を侵害する贈与・遺贈があっても減殺請求はしないという意思表示である。したがって、放棄者の相続権には影響がないと解されている。つまり、遺留分の放棄をしたとしても被相続人が自由分を活用しなければ、つまり遺言がなければ、自身の相続権の主張は妨げられない。

（２）遺留分特例との違い

経営承継円滑化法で定める民法の遺留分に関する特例は、現行の遺留分放棄制度を利用しやすくするために制定されたものであるが、合意の効力を生ずるためには、合意の日から１か月以内に経済産業大臣の確認と、さらにその確認日から１か月以内に家庭裁判所に申立てをして許可を得ることが必要となる。

特例合意は、遺留分放棄とは異なり、遺留分の算定についての特例であって、遺留分自体を否定するものではない。

しかし、その対象財産については、承継会社の株式以外の財産についても、除外合意の対象とすることが可能とされている（経営承継円滑化法５）。たとえば、会社の株式を含む事業用資産だけでなく、事実上遺留分放棄と同じ結果を実現することが可能となる（ただし、手続的には家裁の許可を得るのに、遺留分特例が後継者の単独行為であるのに対して、遺留分放棄は個別に申立てを行って許可をとる必要がある）。

遺留分特例は「合意が当事者全員の真意にでたものであるとの心証を得なければ、これを許可することができない」（経営承継円滑化法８②）と定めており、「家裁の許可」は「真意により出たもの」という判断が重要になるといえる。

この「真意」については、 現行の遺留分放棄の許可の場合と同様に、単に合意の意味をきちんと理解しているというだけではなく、旧会社代表者からの不当な圧力の有無、代償（生前贈与や遺贈）の有無、本人の理解・納得等の推定相続人の行った除外合意の合理性・必要性についても考慮すべきものと考えられる。したがって、特例合意の許可と、遺留分放棄の許可の判断基準との間に基本的な違いはないと考える。

遺留分特例を実際に運用する場合においては、特定合意の成立要件である非後継者全員の同意を得るために、合意の対象を事業用資産に限定する、あるいは推定相続人間の公平を図るための措置を定めるなどの手当て（付随合意の活用）が必要となろう。

Ⅳ　ケーススタディ　改正相続法における遺留分制度と税法上の注意点

Case1　遺留分制度と相続税申告実務
　～遺言により取得した事業用財産への遺留分侵害額請求

先代経営者から、遺言により、会社の株式を含めた事業用の財産を取得しましたが経営に携わっていない他の兄弟から遺留分の侵害額請求を受けました。相続の申告期限まで３か月あります。相続税の申告にはこの遺留分を反映させる必要がありますか。

Answer

遺留分減殺請求事件においては、遺留分の存否やその範囲（金額や請求の内容）に問題がある場合が多いので相続実務としては、相続税申告前であれば遺留分の減殺請求がないものとした場合における各相続分を基礎として課税価格を計算することになっています（相基通11の2－4）。

つまり、遺留分に関する権利が行使されたとしても、遺言書が存在し、受遺者が遺言書の内容通りに受遺する場合には、被相続人の相続開始を知った日の翌日から10か月以内に相続税の申告につき遺言書の内容に即して計算することになります。

そして、遺留分侵害額の争いが確定した場合には、更正の請求、期限後申告又は修正申告を行うことになります（相法30、31、32）。

✍Study

相続税の申告期限前に、遺留分の侵害額が確定しておらず、侵害額を争っている状況では、その不確定な事実に基づいて課税することは事実上困難であることにより[10]、遺留分の侵害額を反映しない相続税の申告を行うことになる。

これに対し、受遺者等に対し、相続税の申告後（申告期限後）に、遺留分の侵害額請求がなされた場合にあっては、遺留分義務者は遺留分侵害額請求に基づき支払うべき額が確定した日の翌日から4月以内に、申告によって確定した相続税について減額の更正の請求をすることができる（相法32三）。

これに対し、遺留分権利者にあっては、相続税の期限後申告（相法30）もしくは相続税の修正申告（相法31①）をして、相続税を納付すべきこととなる。なお、遺留分義務者が、減額の更正をしたときには、遺留分権利者に対して、相続税の増額の決定がされることになる（相法35③）。

ただし、この期限後申告もしくは修正申告は義務ではなく、必ずしも申告する必要はない（任意規定）。この場合、遺留分義務者と遺留分権利者との合意により当事者間で税額を調整し、更正請求や期限後もしくは修正申告手続をしないことも可能である。

侵害額請求に基づく支払額が確定後4か月を徒過したときは、更正請求はできないが修正申告等はできることに留意する（相法31①）。

遺産分割成立後の修正申告等は任意のものであって、必ずしなければな

10　加藤千博『平成22年版相続税法基本通達逐条解説』（大蔵財務協会、2010年）235頁。

らないものではない。実務的には、調停や和解により遺産分割の和解を図る場合には、改めて修正申告をしないことを前提にして、税金の還付金を含めた内容で決着をつけるのが便宜な場合もある。

〈参考資料〉国税庁の質疑応答事例[11]（改正前の遺留分制度）

【照会要旨】特定贈与者から贈与を受けた財産について遺留分減殺請求に基づき返還すべき額が確定した場合、当該贈与財産の価額は、特定贈与者の死亡に係る相続税の計算において相続時精算課税適用者の相続税の課税価格に算入しなくともよいですか。

【回答要旨】相続税法は、遺留分減殺請求に基づき返還すべき又は、弁償すべき額が確定した場合において、それにより財産の返還を受けた者（価額弁償を受けた者を含みます）は、相続税の申告（期限後申告又は修正申告）をすることができるとし、反面、財産の返還をした者（価額弁償をした者を含む）は、既に申告した贈与税について更正の請求をすることができる旨規定しています。

……財務省によると、「民法改正に伴い、遺留分に関する規定が物権的効力から金銭請求権へと変化したものの、権利行使によって生ずる担税力の増減は改正前と同様の課税関係とし、民法において「遺留分による減殺の請求」という用語が「遺留分侵害額の請求」と改正されたことに伴う規定の整備のみ行う」こととされている[12]

〈参考〉連帯納付義務に注意

遺留分権利者は、被相続人から相続により財産を取得した者として、相続税の連帯納付義務を負う（相法34）。原則として、遺留分の財産の取戻しの考え方は原本返還（民1032の類推適用　形成権）が原則となっているが、たとえ、遺留分権利者が価額弁償を受けた場合であっても、相続税の連帯納付義務を負うとされる（金沢地判平15．9．8判タ1180・201）。

11　国税庁「特定贈与者から贈与を受けた財産について遺留分減殺請求に基づき返還すべき額が確定した場合の課税価格の計算」2019年６月７日現在。

12　『令和元年度税制改正の解説』507頁（2019年７月23日現在）。

Case2　遺留分侵害額請求を利用した租税回避行為
～遺言によりすべての相続財産を取得

遺言により母親が相続財産のすべてを取得しました。それは配偶者については１億６千万円まで相続税が無税になるという税理士のアドバイスによるものです。あるセミナーで、遺留分の侵害額請求をした場合には、請求をされた側で更正の請求をした場合に限り、請求をした者に対し、税務署が決定をすることができるという話を聞きました。この場合、私が母親に侵害額請求をした場合に、無税で財産を取得できるとも思えるのですが如何ですか。

Answer

その遺留分権利者が取得した財産は「相続により取得した財産」であることは間違いなく、そうであれば、その遺留分請求者は、相続税を納める義務があることになります（相法１の３一）。

さらに、これを、仮に遺留分請求権を利用した節税策（租税回避策）と考えたとしても、その行為は相続人間で、租税回避を意図するための通謀した仮装行為（意図的に真の事実や法律関係を隠ぺいないし秘匿して、見せかけの事実や法律関係を仮装すること）であるから、特段の規定を待つまでもなく、外観や形式に従ってではなく、その実態等に従って課税（認定）が行われることになります。

Study

被相続人の子供が配偶者相続人に対し、遺留分侵害額請求をする場合に、配偶者が更正の請求をしない限り（配偶者の税額軽減の適用により還付される税額がないので請求がなされないことがほとんどであろう）、相続財産を取得した子供には、相続税は発生しないことになる。しかも、加えて子供の相続税を配偶者が負担した結果と同様になると思われる。

しかも、このような対策は、配偶者の財産を減額できるという意味で、２次相続を考えた場合に税額の縮減になるということもできる。

しかし、相続税法９条の「みなし贈与」は適用されるかどうか検討する必要もある。これについては、いったん分割が確定したものを、単純な合意にて分け直しした場合には「みなし贈与」の課税関係が生じるが、遺留分侵害額請求は、当初の遺産の分割の範疇に入るものであり、相続人が合意すれば、「みなし贈与」として課税されることはない。また、相続税の移動関係を考えた場合、遺留分権利者（子供）の負担すべき相続税額は、配偶者の更正の請求によって成立し、（期限後）申告又は決定処分によって確定する。更正の請求という前提を欠いた遺留分権利者（子供）の負担すべき相続税額は、もともと発生せず、債務の減少（相基通９－１）という経済的利益にもならないと思われる。

さらに、所得税の課税関係からしても、遺留分権利者（子供）は、遺留分侵害額請求によって財産を取得しているのであるから「相続、遺贈又は個人からの贈与により取得するもの」に該当し、所得税も課されないことになる（所法９十六）。[13]

ただし、その遺留分権利者が取得した財産は「相続により取得した財産」であり、その遺留分請求者は、相続税を納める義務があることになる（相法１の３一）[14]。

そうすると、遺留分権利者は、更正の請求と切り離して（相法35③の規定の解釈によって）相続税法30条１項の規定に基づき、相続税の期限後申告を提出できることになり、その期限後申告書を提出しなかった場合には、税務署長は、国税通則法25条の規定に基づき、決定処分ができることになると思われる。このようなスキームを、遺留分侵害額請求権を利用した節税策（租税回避策）だとすると、その仮装隠蔽行為は、特段の規定を待つまでもなく、外観や形式に従ってではなく、その実態等に従って課税（認定）が行われることになると思われる[15]。

13　八ツ尾順一「遺留分減殺請求を用いたスキーム」税務弘報2014年２月号68頁。

14　品川芳宣「最近の相続税節税策（スキーム）の真贋を問う！」季刊 野村資産承継2015年創刊号84頁。

15　金子宏『租税法　第20版』（弘文堂、平成27年）139頁。

遺留分の減殺請求と手続規定（参考）[16]

（1）平成22年改正による期間制限

平成23年12月2日以後に法定申告期限が到来する国税について、更正の請求の期間延長が適用されている。

従来の「嘆願」という実務慣行を解消し、納税者の救済と課税の適正化とのバランス、制度の簡素化を図るという意味においても大幅な改正がなされた。原則的な更正の請求期限が1年から5年になり、増額更正期間も3年から5年に延長されていることに留意する必要がある（相続税の期限も原則に包含される。贈与税の更正の請求期間は1年から6年に、増額更正期間の6年は変わらない）。

（2）当初申告要件の廃止

更正の請求が適用できる範囲も、大幅に拡大することになった。具体的には、当初申告時に選択適用した場合に限って、適用が認められていた特例措置等について、いわゆる「当初申告要件」が廃止され、更正の請求によっても、適用が認められる範囲の拡大がなされた。

相続税に関する項目は以下の3つである。

①配偶者に対する相続税額の軽減（相法19の2）
②贈与税の配偶者控除（相法21の6）
③相続税額から控除する贈与税相当額等（相令4）

この改正により、平成23年12月2日以後に法定申告期限が到来する国税については、当初申告に特例措置の適用を受けていない場合でも、修正申告や更正請求書を提出することにより、特例措置の適用が可能となった。

（3）更正の請求での留意点

配偶者の税額軽減や贈与税の配偶者控除については、当初申告要件が廃止されたことにより、例えば配偶者の税額軽減の適用もれ（未分割で特例未適用の場合の分割見込の提出徒過など）についても提出期限から遡って5年間は更正の請求により減額更正が可能となる。

16　永橋利志『更正の請求をめぐる税務処理と実務対応』（平成24年6月）34頁以降参照。

Case3 改正後の遺留分制度と贈与税・相続税の納税猶予との関係

長男である私（以下「長男Ａ」という）は、父から特定贈与承継会社に係る非上場株式の贈与を受け、適法に贈与税の納税猶予の特例の適用を受けていました。贈与者である父が死亡したため、猶予された贈与税額が免除されました。ところが次男（以下「次男Ｂ」とする）から遺留分の侵害額請求を受け、相続税の申告期限後に金銭債権の支払に代えて特例受贈非上場株式等を引き渡しました。この場合の引渡しは、相続税の納税猶予の特例の打切りの対象となるのですか。

Answer

打切りの対象となると考えます。民法改正前は、取り戻した財産は遺産分割の対象となる「遺産」には帰属しないとして、遺留分権利者の固有財産として直接帰属するとしており、長男Ａが適法に受けていた贈与税の納税猶予の特例の適用について、特例適用時に遡及して取り消されることはありませんでした[17]。しかし、改正後の民法では、金銭債権を支払うために、遺留分権利者に特例の対象株式を移転させた場合には、特例の対象株式の譲渡になるため、相続税の納税猶予の特例の打切り事由に該当するものと考えられ[18]、さらに特例の対象株式を譲渡したことによる譲渡所得も課税されます。

Study

改正前の民法においては、特定遺贈及び遺言者の財産全部についての包括遺贈に対し、遺留分減殺請求により遺留分権利者が取り戻した財産の帰属について、判例[19]は、取り戻した財産が、遺産分割の対象となる「遺産」には該当せずに、遺留分権利者の固有財産として直接帰属するとしている

17 国税庁「非上場株式等についての贈与税の納税猶予の特例関係　問41　特例受贈非情報株式等の修正（２）：贈与者の相続税の開始に伴い遺留分減殺請求がなされた場合の納税猶予の特例関係」（2019年６月７日現在）。

18 「遺留分侵害額請求　事業承継税制の打ち切りリスクも」週刊税務通信3566号４頁。

19 最判二小昭51．8.30（昭和50年（オ）第920号）、最判二小平８．1.26（平成３年（オ）第1772号）。

（物権的効果）。これは、遺留分の減殺請求により、次男Bに対し返還した株式等は、その返還時にいったん遡及的に贈与者である父の所有に帰属するものではないと考えることから、長男Aが適用を受けていた贈与税の納税猶予の特例について、遡及して租税特別措置法70条の7第1項に規定する贈与の要件を検討する必要はなく、特例適用時に遡及して取り消されることはなかった。

これに対し、新民法では、遺留分権利者は、受遺者又は受贈者に対し、遺留分侵害額に相当する金銭を請求できるようになった（民法1046）。

相続税の申告期限前に、遺留分権利者から遺留分侵害額の請求がなされ、金銭ではなく当該非上場株式で支払った場合には、相続財産とみなされた非上場株式等の一部を遺留分権利者が相続することになったにすぎないので、贈与税・相続税の納税猶予の特例の適用には影響を及ぼさないことになる（平成30年税制改正により、贈与税の納税猶予の特例措置が創設されたが、一般措置同様に解することができる）[20]。

※改正民法においても、遺留分侵害額請求により贈与税納税猶予対象非上場株式が金銭の支払に代えて譲渡されたが、この行為は贈与時に遡及するのではなく、あくまで相続時に非上場株式が譲渡されたのであるから、贈与税の納税猶予は取り消されない。一方、相続税の納税猶予の適用は、譲渡後の残された非上場株式数が要件を満たすのであれば、納税猶予の申請は可能である。

ただし、Case3のように相続税に申告期限後に、遺留分侵害額請求がなされ、特例の対象財産である非上場株式等を譲渡等した場合は、単なる返還ではないので、打切り事由に該当すると考えられる。

Case4　事業用宅地に係る小規模宅地の特例

被相続人甲の相続人は長男乙（事業承継者）と長女丙の２名です。甲の遺言により、乙は甲の遺産のうちA宅地（特定居住用宅地等）及びB宅地（特定事業用宅地）を取得し、B宅地について小規模宅地等の特例を適用して

20　伊藤千鶴「遺留分制度と事業承継」第55回年次大会研究報告書　東京税理士会199頁、200頁。

期限内に申告しました。

その後、丙より遺留分侵害額請求がなされ、調停の結果、Ｂ宅地については丙が取得することになりました。そこで小規模宅地の対象地として、乙はＡ宅地を選択して更正の請求を、丙はＢ宅地を選択して修正申告をすることはできますか。

Answer

小規模宅地の特例対象地はいったん乙が取得したＢ宅地になります。したがって、乙は特例対象地をＡ宅地に変更することはできません。

Study

被相続人等の事業の用に供されていた宅地等にかかる小規模宅地等の特例とは、個人が、相続又は遺贈により取得した財産のうち、その相続開始の直前において被相続人等の事業の用に供されていた宅地等のうち、一定の選択をしたもので限度面積までの部分については、相続税の課税価格に算入すべき価額の計算上、一定の割合を減額できる制度である（措法69の4）[21]。改正前の質疑応答事例[22]では、遺留分減殺請求という相続固有の後発的事由に基づいて、該当土地を遺贈により取得できないという状況においこまれるわけであるので、本来は認められない選択替えとはいえないということで、本件の対象地をＡとする変更は、更正の請求の要件を満たす限り認められ、当初小規模宅地を選択しなかった丙も、Ｂを対象地して小規模宅地の適用を検討できた。

これに対し、改正後の民法では、乙が丙から遺留分侵害額請求がなされた場合、相当な金銭債権が生ずることになる。この金銭の支払に代えてＢ宅地を充てた場合には、乙が丙に対してＢ宅地を譲渡したことになる。したがって丙は、Ｂ土地を遺贈により取得したのではなく、あくまで侵害額相当の金銭を取得したものとして修正申告をし、そのあとその金銭により

21　大蔵省「改正税法のすべて」（大蔵財務協会、昭和58年版）177頁。

22　国税庁「遺留分減殺にともなう修正申告及び更正の請求における小規模宅地等の選択替えの可否」。

Ｂ土地を購入したものとみなされるのである。いわゆる代物弁済的な考え方である。一方、乙は遺留分侵害額請求により取得した財産の価額から遺留分侵害額相当額を債務として控除し、課税価格及び相続税額を計算し更正の請求をすることになる。以上は、相続税の申告後に侵害額請求が確定していることを想定しているが、侵害額請求が申告前に確定した場合でも取扱いは同様であると考える。

※申告前に、遺留分侵害額請求を取り下げ、かつ、遺言書通り相続を進めず、乙と丙が遺産分割協議で合意すれば話は別である。

〈参考〉令和元年度　税制改正の解説[23]

「税制改正に伴い、遺留分に関する規定が物権的効力から金銭債権としての請求権へと変化したものの、権利行使によって生ずる担税力の増減は改正前と同様であると考えられることから、改正前と同様の課税関係」とされているが、所得税法の譲渡所得に関する考え方（Case 5参照）は明らかにされたが、相続税については対応が不十分と思われる。

Case5　遺留分侵害額請求と譲渡所得

後継者である私（「長男Ａ」という）は遺言により先代の残した会社の株式と事業用不動産を取得しました。次男Ｂが遺留分の侵害額請求をしてきたので、事業用以外の私の個人的な金銭を分割で支払おうとしたのですが、請求額を一括でということなので、事業用不動産の一部を引き渡すことにしました。課税関係はどうなりますか。

Answer

民法1046条１項（遺留分侵害額の請求）の規定による遺留分侵害額に相当する金銭の支払請求があった場合において、金銭の支払に代えて、その債務の全部又は一部の履行として資産の移転があった場合には、その履行をした者は、原則として、その履行があったときにおいて、その履行により消滅した債務の額に相当する価額により当該資産を譲渡したこととな

23　財務省『令和元年度税制改正の解説』507頁　財務省ＨＰ（2019年７月23日現在）。

り（所基通33－1の5）、譲渡所得の計算をすることになります。

✍Study

従前の遺留分権利者と義務者に対する税法の対応としては、返還すべき財産が確定した場合に、権利者は相続税の期限後申告あるいは修正申告が行われ、価額弁償がなされた場合には、遺産分割で代償金が支払われた時（代償分割）と同様の取扱いをすることとされていた（相基通11の2－9）。また、相続財産を譲渡してその代金から価額弁償金を支払う場合には、相続財産に物権的効果による共有関係が生じているため、いわゆる換価分割したのと同様の取扱いとなった（所得税は共有負担となる）。つまり、遺留分減殺請求に対して、相続財産中から提供する（充てる）限りは、新たな課税関係が生ずることはなかった。

これに対して、改正後の遺留分侵害額請求では共有関係が生じないため、侵害額の債務弁済のために相続財産を換価した場合、共有物の譲渡ではなく遺留分義務者の単独の譲渡となり、その譲渡をした遺留分義務者のみが所得税等を負担することとなる。

事業承継を考える場合には、事業用資産の共有化が問題になっていたケースが多く、改正による遺留分侵害額の債権化は共有化の問題の解消にはつながるが、後継者の固有の財産による侵害額の支払が可能になるように、分割弁済請求をした裁判所において、相当の期限許可の期間の長さや遅延損害金の取扱いの予測が可能になる必要があろう。また、低金利の金融情勢を鑑みて、経営承継円滑化法の融資支援を活用することも必要と考える。

さらに状況により、非承継者（遺留分権利者）との協議・合意により所得税負担を侵害額債務に織り込むなど、日頃からの非承継者との意思疎通がより重要になると思われる。

Case6 後継ぎ遺贈型受益者連続信託と遺留分

後継ぎ遺贈型受益者連続信託を活用して事業承継を考えています。まず、私（以下「甲」という）の所有する全株式と事業用財産を一般社団法人（非営利徹底型法人）に信託し、受益者は私で、私亡きあとは、後継者である長男（以下「長男Ａ」という）そして、長男亡き後はその時の受益者が、一般社団法人と協議のうえ決定するという信託設計を考えています。

ただ、気になるのは事業に関わらない長女（以下「長女Ｂ」という）がいるので、Ｂには軽井沢の別荘と山林の受益権を相続させようと思っているところです（遺留分相当額の評価額）。信託受益権には遺留分が及ばないとも聞いていますが、もし、及ぶとしても何か方策はありませんか。

Answer

信託受益権は相続財産を構成するので、それが他の相続人の遺留分を侵害すれば、侵害額請求の対象となります。この場合、遺留分割合相当額の信託受益権を与えたとしても、その信託受益権から生ずる経済的利益を考えて設計しないと、その信託自体が無効となりかねないことになります。非後継者に対する遺贈に関しては、別荘などのように経済的価値を生まないものを設定するときは注意が必要です。

Study

後継ぎ遺贈型受益者連続信託については、新信託法の立法時から、民法上の遺留分制度を潜脱しないことが確認されていたが、①侵害額請求の相手方、②侵害額請求権の発生時期、③侵害額請求の対象、④充当の順序、⑤受益権の評価など、実務的に曖昧な部分も多い[24]。一昨年、後継ぎ遺贈型受益者連続信託に対する遺留分の判決[25]が出たので参考になる。この判決では①信託の有効性と②遺留分の対象となる財産が争われたが、①は被相続人の意思能力があるとして有効とした。遺留分の対象となる財産であるが、信託行為そのものではなく、受益権であることが明らかになった。さらに、この判決にて特筆すべきなのは遺留分の対象となる財産である。アパートなどの収益不動産に対応する受益権は有効、自宅などの非収益不

24　愛知県弁護士会法律研究部編『Ｑ＆Ａ　遺留分の実務』（新日本法規出版、平成23年３月）35頁～37頁。

25　東京地判平30．9．12・平成27年（ワ）第24934号。

動産に関する受益権については、遺留分の算定基礎となる財産に入らないとして無効にした。今後の信託・遺留分実務の参考になろう[26]。また、侵害額請求の発生時期は、被相続人の死亡による受益権の発生時点であり第２受益者の第２順位である長男の子らには遺留分権が及ばないことを明らかにしている。

〔坂部達夫〕

26　坂部達夫「信託判決から見る遺留分侵害の境界線」税経通信2019年６月号124頁。

〈コラム15〉

同族会社の代表者であった被相続人の貸付債権の相続税評価

貸付金債権等の元本の価額は、その返済されるべき金額と貸付金債権等に係る課税時期現在の既経過利息として支払を受けるべき金額の合計額（評基通204）とされている。

そして、評価減できるケースを、相続時に「その回収が不可能又は著しく困難であると見込まれるとき」と規定している（評基通205）。

(1)　債務者について次に掲げる事実が発生している場合におけるその債務者に対して有する貸付金債権等の金額（その金額のうち、質権及び抵当権によって担保されている部分の金額を除く。）

イ　手形交換所（これに準ずる機関を含む。）において取引停止処分を受けたとき

ロ　会社更生法（平成14年法律第154号）の規定による更生手続開始の決定があったとき

ハ　民事再生法（平成11年法律第225号）の規定による再生手続開始の決定があったとき

ニ　会社法の規定による特別清算開始の命令があったとき

ホ　破産法（平成16年法律第75号）の規定による破産手続開始の決定があったとき

ヘ　業況不振のため又はその営む事業について重大な損失を受けたため、その事業を廃止し又は6か月以上休業しているとき

(2)　更生計画認可の決定、再生計画認可の決定、特別清算に係る協定の認可の決定又は法律の定める整理手続によらないいわゆる債権者集会の協議により、債権の切捨て、棚上げ、年賦償還等の決定があった場合において、これらの決定のあった日現在におけるその債務者に対して有する債権のうち、その決定により切り捨てられる部分の債権の金額及び次に掲げる金額

イ　弁済までの据置期間が決定後５年を超える場合におけるその債権の金額

ロ　年賦償還等の決定により割賦弁済されることとなった債権の金額のうち、課税時期後５年を経過した日後に弁済されることとなる部分の金額

(3)　当事者間の契約により債権の切捨て、棚上げ、年賦償還等が行われた場合において、それが金融機関のあっせんに基づくものであるなど真正に成立したものと認めるものであるときにおけるその債権の金額のうち（2）に掲げる金額に準ずる金額

この規定は、法人税法の個別評価金銭債権に係る貸倒引当金の繰入条件に似ている。

ただし、大きく債務超過した赤字の同族会社の場合、創業者の代表取締役は過去の貯えを会社につぎ込んででも会社を維持しようとする。事業を承継させるあてもないまま、メンツだけで赤字会社を維持している場合もある。こうし

た状況で心労がたたり突然になくなったりすると大変なことになる。相続時点で同族会社が存続していると、被相続人である代表者の同族会社への多額の貸付金が相続財産に加算されてしまう。

以下の事件のように、訴訟を起こしても裁判所は厳しい判断をしている。

「被相続人の主宰会社は、債務超過の状態が続いており、その経営状態が良好であったとはいい難いものの、損失を出しながらも製造販売が続けられていたことが認められ、手形交換所による取引停止処分を受けたなどの財産評価基本通達205に定める事由は存在せず、事業を継続しているから、本件貸付金は財産評価基本通達205には該当しない」とされ、１億３千万円強の貸付金が相続財産と認定された（大阪高判平15．７．１）。

一方、珍しく貸付金の評価減（零評価）を認めた裁決がある。

「本件相続開始日現在において、破産、和議、会社更生あるいは強制執行等の手続開始を受けたり、又は事業閉鎖等の事実は認められず、一見、営業活動は継続していると認められるものの、その実態は極めて危機的な状況にあったものというべきであり、親会社及び代表者である□□が本件貸付債権について保証等している事実はないという事情も考慮すると、本件貸付債権の回収は著しく困難であると認めるのが相当であり、本件貸付債権については、財産的価値がなかったものと判断するのが相当である。」と裁決（平14．6.28）し、１億８千万円強の貸付金の評価をゼロとした。

ただしこの事件は、会社の代表者ではなく、相続開始後10か月過ぎに貸付先の会社が倒産し、代表者は行方不明となったという特殊な事件である。もちろん、課税庁の処分を不服として審査請求しなければ認められなかったことも事実である。

ところで、この被相続人はこの倒産した会社に物上保証していた不動産があったが、「本件相続開始日前後を通じて営業活動及び金融取引を行っていること、また、債務超過の状態が相当期間継続していたとも認めることができないことからすると、本件相続開始日において、□□銀行の□□□□□□□□に対する債権が事実上回収できない状況にあることが客観的に認められるとはいえず、□□□□□□□□が弁済不能の状態であったとは認めることができないから、本件土地建物の価額から根抵当権により担保されている債務の額を控除することはできない。」と土地建物の価額から担保されている債務の額の控除を認めなかった。

このような税制上の厳しい状況を考えると、多額の赤字を抱えた同族会社への貸付金（特に代表者の貸付金）は、速やかに債権放棄するか、会社そのものを清算すべきである。跡を継ぐべき者がいない（魅力がない）会社であれば、創業者自ら幕を閉める勇気ある決断が、残される家族のためにも大切ではないだろうか。

編著者・著者略歴

【編著者】

関根　美男（せきね・よしお）

昭和 52 年税理士登録、筑波大学大学院企業法学修士課程修了。筑波税法研究会事務局長、日本税務会計学会国際部門副学会長、東京税理士会会員相談委員（法人税担当）

<主な著書・論文等>

『法人税申告の実務全書』（共著・日本実業出版社）会社分割担当
『個人の国際課税 Q&A』（共著・中央経済社）
『貸倒損失処理の実務』（共著・日本実業出版社）子会社支援損担当
「法人税の課税根拠と多様化する事業形態に対する課税ルール」（第 19 回租税資料館賞受賞）
「日本の相続税・贈与税のあり方」（第３６回日税研究賞受賞）
「進化するフィンテックと仮想通貨の課税のあり方」（第８回新日本法規財団奨励賞受賞）
「パナマ文書から何を学ぶべきか」（東京税理士会）
「事例研究 損害賠償金 法人編・個人編」（税理平成 27 年１月号・３月号）ほか

【著　者】（執筆順）

佐治　俊夫（さじ・としお）

平成 18 年税理士登録、筑波大学大学院経営・政策科学研究科企業法学修士課程修了、筑波大学ビジネス科学研究科企業科学専攻博士課程単位満了退学、明星大学経済学部特任教授

<主な著書>

『会社法関係法務省令逐条実務詳解』（共著・清文社）

太田　文子（おおた・ふみこ）

平成 30 年税理士登録、筑波大学大学院ビジネス科学研究科法学専攻修士課程平成 21 年修了

<主な著書・論文等>

「企業合併の適格要件における税法の一考察」修士論文

服部　夕紀（はっとり・ゆき）

平成9年公認会計士登録、平成26年税理士登録、筑波大学大学院ビジネス科学研究科企業法学専攻博士前期課程平成29年度修了、現在、筑波大学大学院ビジネス科学研究科企業科学専攻博士後期課程在学中

<主な著書・論文等>

「適格合併における入口の適格要件に係る一考察」修士論文

中山　眞美（なかやま・まみ）

税理士、商学修士、法学修士、事業承継アドバイザー（金融検定協会）、筑波大学大学院ビジネス科学研究科（博士前期課程）企業法学専攻修了、日本税務会計学会訴訟部門、日本相続学会会員、租税訴訟学会会員、他

<主な著書・論文等>

『今からはじめよう　相続税・贈与税の心構え』（共著・大蔵財務協会）
『図解・表解 相続税申告書の記載チエックポイント』（共著・中央経済社）
『特定事業用資産を相続するとき』（共著・新日本法規）
「限定承認を巡る民法と税法の歴史的一考察」（日本相続学会）
「限定承認制度と信義誠実の原則について」（日本相続学会）
「限定承認に係る法務及び税務の諸問題について」（東京税理士会）
「趣味で収集した古銭等の評価について」速報税理（ぎょうせい）
「ご自宅にお稲荷さんがある場合のその敷地の評価について」速報税理（ぎょうせい）
「遺産分割協議のやり直しについて」速報税理（ぎょうせい）他

富岡　俊明（とみおか・としあき）

平成16年税理士登録、筑波大学大学院ビジネス科学研究科法学専攻修士課程平成21年修了、一般社団法人全国研修センター講師（譲渡に係る租税特別措置法）、東京税理士会会員相談委員（資産税担当）

<主な著書・論文等>

『マンションの建替えと譲渡所得』（大蔵財務協会）
『事例から学ぶ相続・贈与・譲渡の実務対応75選』（大蔵財務協会）

鈴木　雅博（すずき・まさひろ）

昭和55年税理士登録、筑波大学大学院経営・政策科学研究科企業法学修士課程平成11年度修了、東京税理士会副会長、租税訴訟学会監事、慶應義塾大学法学部非常勤講師

＜主な著書・論文等＞

『事実認定判断例集』（共著・財経詳報社）
『土地の税金と節税戦略』（共著・財経詳報社）
『相続・贈与をめぐる節税対策のすべて』（共著・日本実業出版社）
『実務租税法講義』（共著・民事法研究会）
『租税手続辞典』（共著・財経詳報社）
『税理士のための法律学講座』（共著・大蔵財務協会）
『Q&A　教育資金の一括贈与の特例』（共著・法令出版）
『現物給付課税の実務』（共著・法令出版）
『Q&A 空家をめぐる税務』（共著・新日本法規出版）、他
「フリンジ・ベネフィット課税について」（第16回日税研究賞受賞）

坂部　達夫（さかべ・たつお）

昭和63年税理士登録、筑波大学大学院経営・政策科学研究科企業法学修士課程平成9年度修了、日本税務会計学会副学会長（法律部門）、会員相談委員（法人税担当）

＜主な著書・論文等＞

『持株会社の法務と税務』（共著・きんざい）
『販売促進・広告宣伝の法務と税務』（共著・新日本法規出版）
『租税手続辞典』（共著・財経詳報社）
『現物給付課税の実務』（共著・法令出版）
『ストック・オプション課税の一考察（１）（２）』
TKC税研時報 Vol. 11・Vol. 12
「税理士制度と税理士業務に関する一考察」
東京税理士会本所支部創立50周年記念誌
「信託判決から見る遺留分侵害の境界線」
税経通信 Vol.74・2019. 6（税務経理協会）
「家族信託の仕組みと税務の基礎」
税経通信 Vol.74・2019. 7（税務経理協会）

税務のプロならこうする！　ケーススタディ

改正相続法の活用

令和２年５月31日　第１刷発行

編著者　関根　美男

発　行　株式会社ぎょうせい

〒136-8575　東京都江東区新木場１－18－11

電話　編集　03-6892-6508
　　　営業　03-6892-6666
フリーコール　0120-953-431

URL:https://gyosei.jp

〈検印省略〉

印刷　ぎょうせいデジタル㈱

ISBN978-4-324-10833-8
(5108618-00-000)
〔略号：税務プロ改正相続〕